第**4**版

JN002966

数学・数的推理

Math & Mathematical inferences

TAC出版編集部編

問題集

TAC出版

TAC PUBLISHING Group

はじめに

公務員試験が難しいとされる理由のひとつに、「高い教養と優れた人間性の両方が求められる」ということが挙げられます。また、地方初級・国家一般職(高卒者)試験では、1次試験で課される教養試験の合格者のみが面接を中心とした2次試験に進むことができるとされています。つまり、高い志を持って公務員を目指しても、教養試験をクリアすることができなければ、その職に対する熱い思いや憧れ、自分自身の考えを相手に伝えることができません。厳しいことをいうようですが、公務員試験における1次試験は「ゴール」ではなく「スタート」にすぎないのです。だからこそ、何としてもここを突破して、自ら道を切り開いていかなければなりません。

そのためには、効率よくかつ着実に勉強を進めていく必要があります。「なるべく楽に」と考えるのは人間の性ですが、日々努力を続け、一歩ずつ歩を進めた方が確実に合格に近づくことができます。その方法ですが、基礎を学んだ後、問題に数多くあたり応用力を身につけることがよいでしょう。

公務員試験は出題内容に一定の偏りがあり、そこを重点的に勉強するのはセオリーではあります。しかし、まったく同じ問題が出題されるわけではありません。類似した問題を多く解くことで応用力を培い、同一分野の問題を落とさないようにすることができれば、1次試験合格は決して難しいことではありません。

本シリーズは、地方初級・国家一般職(高卒者)試験用の科目別問題集です。基礎的な問題から少し難易度の高い問題まで取りそろえました。似たような問題であっても、重要だと思われるものは、繰り返し学習できるように掲載してあります。最初はまったく解くことができない問題もあるかもしれません。ですが、それでいいのです。学習を進めていって、最終的に解くことができるようになれば、合格はもう目の前です。

「千里の道も一歩から」

これこそが、目標達成のための極意といえるでしょう。

この本を手にした皆さんが、念願の職に就けることを心から願っております。

2024年1月　ＴＡＣ出版編集部

本シリーズの特長

① 科目別の6分冊

地方初級・国家一般職(高卒者)の教養試験で問われる学習範囲を,分野ごとに編集し,「数学・数的推理」「判断推理・資料解釈」「国語・文章理解」「社会科学」「人文科学」「自然科学」の6冊にまとめました。

※国家公務員試験は,平成24年度から新試験制度により実施されています。新試験制度では,「数的推理」は「数的処理」に,「判断推理」「空間把握」は「課題処理」に,それぞれ名称が変更されています。しかしながら,これはあくまで名称上の変更にすぎず(名称は変更となっていますが,試験内容には変更はありません),本シリーズでは受験生の方が理解しやすいように,これまでどおりの科目名で取り扱っています。

② 本試験レベルに近い問題構成

本シリーズは,本試験で出題されるレベルの問題を中心に,比較的平易な問題からやや応用的な問題までをバランスよく掲載しています。これらの問題を繰り返し学習することで,本試験へ向けた問題演習をしっかりと行うことができます。

③ 解答・解説は別冊構成

学習の便を考慮し,解答・解説が取りはずせる別冊構成となっていますので,よりスムーズに問題と解答を確認することができます。

④ 基本事項の確認のために

問題演習を進める中で,わからない事項が出てきた際には,本書のシリーズ『地方初級・国家一般職(高卒者)テキスト』(全6冊)をお使いいただくことによって,基本事項の整理やより深い学習を進めていただくことができます。

●またTAC出版では,国家一般職(高卒者)試験の対策として,以下の書籍を刊行しております。本シリーズとあわせてご活用いただければ,より合格が確実なものとなることでしょう。

『ポイントマスター』(全6冊)

～本試験問題も含め,もっと多くの問題を解いて学習を進めたい方に

『適性試験のトレーニング』

～適性試験対策にも力を入れたいという方に

数学の出題状況

■国家一般職（高卒者）
例年1題出題。2次方程式，2次関数，2次不等式の問題が頻出だが，近年は平面図形や三角比の問題も多く出題されている。

■地方初級
| 全 国 型 | 例年1題出題。国家一般職（高卒者）同様，2次方程式や2次関数，平面図形の問題が多い。 |
| 東京23区 | 数学の出題は特になし。 |

＜対策について＞
2次方程式，2次関数，2次不等式は，どのような形態で出題されても対応できるよう，解法をしっかりと理解しておくことが望ましい。また近年は三角比の問題も出題されるので，基本はしっかりと覚えておく。方程式や図形問題は，数的推理と重なる部分も多いので，似ている分野のところは，並行して学習すると効果的である。

数的推理の出題状況

■国家一般職（高卒者）
例年4題出題。速さ，濃度，割合，場合の数，確率などが頻出。また1題は図形問題であることもあり，面積，体積，角度などが出題される。

■地方初級
| 全 国 型 | 例年7題程度出題。速さ，割合，整数，確率，図形など，まんべんなく出題される。 |
| 東京23区 | 例年5題前後出題。整数，速さ，場合の数と確率，図形などが頻出。 |

＜対策について＞
速さや濃度，割合や一般的な文章題は基本的に方程式を使うため，まずは方程式の解法に慣れることが必要であり，分野ごとに基本的な解法を身につけること。

場合の数，確率，図形問題は，難易度そのものは高くはないものの，公式がわからなければ全く歯が立たないので，一般的な公式を確実に覚え，その上で問題に当たることが必要である。

いずれにせよ，覚えることを確実に頭に入れ，数多くの問題を解くことで解法を身につけていくことが，合格への近道になる。

「数学・数的推理」 目次

第1編　数学

第1章　数と式 ……………………………………………　2

第2章　方程式と不等式 ……………………………　11

第3章　関　数 ……………………………………………　18

第4章　関数のグラフと方程式・不等式 …………　22

第5章　三角比 ……………………………………………　33

第6章　数　列 ……………………………………………　40

第2編　数的推理

第1章　文章題 ……………………………………………　50

第2章　図　形 ……………………………………………　116

第3章　場合の数 …………………………………………　141

数　学

第1章 数と式

No.1 （解答 ▶ P.1）

次の5つの数のうち，2番目に大きいものはどれか。

① 2^{-3}　　② $(-2)^{-3}$　　③ 0　　④ $(-2)^2$　　⑤ 2^3

No.2 （解答 ▶ P.1）

x が正の整数のとき x^2+1 の最小値はいくらか。

① 2　　② 3　　③ 4　　④ 5　　⑤ 6

No.3 （解答 ▶ P.1）

$x:y=5:6$, $y:z=9:10$ のとき，$x:y:z$ を求めなさい。

① 　5 ： 6 ： 10
② 　5 ： 9 ： 10
③ 　8 ： 9 ： 10
④ 　9 ： 10 ： 12
⑤ 　15 ： 18 ： 20

No.4 （解答 ▶ P.1）

今，循環小数 $0.\overset{\cdot}{3}0\overset{\cdot}{4}$ がある。これを分数にすると，次のどれになるか。

① $\dfrac{304}{1000}$　　② $\dfrac{304}{999}$　　③ $\dfrac{304}{900}$　　④ $\dfrac{92}{304}$　　⑤ $\dfrac{93}{304}$

No.5

(解答 ▶ P.1)

$3^{2x+1} = \dfrac{1}{27}$ のとき，x の値はいくらか。

① 2 ② 1 ③ -1 ④ -2 ⑤ -3

No.6

(解答 ▶ P.1)

$xy + 2x - 3y = 8$ の等式を満たす x，y の整数値の組合せは何通りあるか。

① 1通り ② 2通り ③ 3通り ④ 4通り ⑤ 5通り

No.7

(解答 ▶ P.1)

$xy = 2^2 \times 3^3$ を満たす自然数 x，y の組合せはいくつあるか。

① 12通り ② 9通り ③ 6通り ④ 5通り ⑤ 3通り

No.8

(解答 ▶ P.1)

分数式 $\cfrac{1}{x - \cfrac{1}{x + \cfrac{1}{1 - \cfrac{1}{x}}}}$ を計算し簡略にすると，次のどれになるか。

① $x^2 - 1$

② $2x$

③ $\dfrac{x^2}{x^3 - 1}$

④ $\dfrac{x^2}{x^3 - x + 1}$

⑤ $\dfrac{2x}{x^3 + 1}$

No.9 (解答 ▸ P.2)

$(x + 2y)^3$ を展開するとどうなるか。正しいものを選べ。

 ① $x^3 + 6x^2y + 6xy^2 + 8y^3$

 ② $x^3 + x^2y + xy^2 + 8y^3$

 ③ $x^3 + 12x^2y + 6xy^2 + 8y^3$

 ④ $x^3 + 6x^2y + 12xy^2 + 8y^3$

 ⑤ $x^3 + 12x^2y + 12xy^2 + 8y^3$

No.10 (解答 ▸ P.2)

次の因数分解の式で誤っているのはどれか。

 ① $x^2 + 2x - 3 = (x + 3)(x - 1)$

 ② $x^3 + x^2 + x + 1 = (x^2 + 1)(x + 1)$

 ③ $x^2 + 2xy + y^2 - 1 = (x + y - 1)(x + y + 1)$

 ④ $x^2 + xy + y - 1 = (x + y + 1)(x - 1)$

 ⑤ $2x^2 - (2 - y)x - y = (2x + y)(x - 1)$

No.11 (解答 ▸ P.2)

$x + y = 10$, $xy = 5$ のとき, $x - y$ の値を求めよ。ただし, $x < y$ とする。

 ① $2\sqrt{5}$ ② $\sqrt{5}$ ③ $-\sqrt{5}$ ④ $-2\sqrt{5}$ ⑤ $-4\sqrt{5}$

No.12 (解答 ▸ P.2)

$x + y = 5$, $xy = 1$ のとき, $x^3 + y^3$ の値はいくらか。

 ①   100   ②   110   ③   120   ④   130   ⑤   140

No.13

（解答▸P.2）

次の3つの式の最小公倍数を求めなさい。

$$x^2 - 2x - 15 \qquad 2x^2 - 18x + 40 \qquad x^2 - 8x + 16$$

① $(x + 3)(x - 4)^2(x - 5)$

② $(x - 3)(x - 4)^2(x - 5)$

③ $2(x + 3)(x - 4)(x - 5)$

④ $2(x + 3)(x - 4)^2(x - 5)$

⑤ $2(x - 3)(x - 4)^2(x + 5)$

No.14

（解答▸P.2）

次の2つの式の最小公倍数を表す式は，次のうちどれか。

$$x^2 + 8x + 15$$
$$x^2 + 3x - 10$$

① $x^3 + 6x^2 - x - 30$

② $x^3 + 9x^2 - x - 30$

③ $x^3 + 6x^2 + 10x - 30$

④ $x^3 + 6x^2 - 10x - 21$

⑤ $x^3 + 9x^2 - 10x + 21$

No.15

（解答▸P.2）

1から100までの自然数が書いてある。まず，この中から2の倍数を小さい方から順に1つずつ消していき，次に，残った数の中から3の倍数を小さい方から順に1つずつ消していく。さらに，残った数の中から5の倍数を小さい方から順に1つずつ消していくとき，72番目に消される数はどれか。

① 55 　　② 63 　　③ 65 　　④ 66 　　⑤ 75

No.16 (解答 ▶ P.2)

次の式が x についての恒等式となるように定数 a, b, c, d の値を求めよ。

$$x^3 + 2x + 1 = a(x-1)(x-2)(x-3) + b(x-1)(x-2) + c(x-1) + d$$

	a	b	c	d
①	1	6	9	4
②	6	1	4	9
③	1	9	4	6
④	1	6	4	9
⑤	4	1	6	9

No.17 (解答 ▶ P.2)

$\dfrac{x^2 - 10x + 13}{(x-1)(x-2)(x-3)} = \dfrac{a}{x-1} + \dfrac{b}{x-2} + \dfrac{c}{x-3}$ が, 恒等式になるように, $a \cdot b \cdot c$ の値を求めよ。

① $a = 2$ $b = 3$ $c = -4$

② $a = 3$ $b = 2$ $c = 4$

③ $a = -2$ $b = -3$ $c = 4$

④ $a = 2$ $b = 2$ $c = -4$

⑤ $a = 3$ $b = 4$ $c = 1$

No.18 (解答 ▶ P.3)

次の式を計算した場合, 余りはいくつになるか。

$$(2x^3 - x^2 + 4x - 3) \div (2x - 1)$$

① -3 ② -2 ③ -1 ④ 1 ⑤ 2

No.19

（解答▶P.3）

整式 $f(x)$ を $x-1$ で割ると1余り，$x+2$ で割ると2余る。

$f(x)$ を $(x-1)(x+2)$ で割った余りを求めよ。

① $\dfrac{1}{3}x - \dfrac{4}{3}$

② $-\dfrac{1}{3}x + \dfrac{4}{3}$

③ $\dfrac{2}{3}x + \dfrac{1}{3}$

④ $\dfrac{1}{3}x + \dfrac{4}{3}$

⑤ $\dfrac{2}{3}x + \dfrac{4}{3}$

No.20

（解答▶P.3）

$x^2 + ax - 5$ が $x+1$ で割り切れるときの a の値として正しいものはどれか。

① 4　　② 2　　③ 1　　④ －2　　⑤ －4

No.21

（解答▶P.3）

$x^3 + ax^2 - 16x - 8b$ が，$x^2 + x - 20$ で割り切れるとき，a，b の値の組合せとして，正しいものはどれか。

	a	b
①	5	8
②	5	10
③	5	－10
④	9	8
⑤	9	18

No.22

（解答▶P.3）

$\sqrt{20} < x < \sqrt{40}$ を満たす整数はいくつあるか。

① 2　　② 3　　③ 4　　④ 5　　⑤ 6

次のア〜ウの３つの数字について，大小関係を正しく表したものはどれか。

ア．$3 + \sqrt{11}$ イ．$1 + \sqrt{19}$ ウ．$5 + \sqrt{10}$

① ア ＜ イ ＜ ウ

② ア ＜ ウ ＜ イ

③ イ ＜ ア ＜ ウ

④ イ ＜ ウ ＜ ア

⑤ ウ ＜ イ ＜ ア

次の式の大小の順序を正しく示しているものを選べ。

$a > 0, \ b > 0$ のとき $\dfrac{\sqrt{a+b}}{2}, \ \sqrt{\dfrac{a+b}{2}}, \ \dfrac{\sqrt{a}+\sqrt{b}}{2}$

① $\dfrac{\sqrt{a+b}}{2} \geqq \dfrac{\sqrt{a}+\sqrt{b}}{2} \geqq \sqrt{\dfrac{a+b}{2}}$

② $\sqrt{\dfrac{a+b}{2}} \geqq \dfrac{\sqrt{a+b}}{2} > \dfrac{\sqrt{a}+\sqrt{b}}{2}$

③ $\sqrt{\dfrac{a+b}{2}} > \dfrac{\sqrt{a+b}}{2} > \dfrac{\sqrt{a}+\sqrt{b}}{2}$

④ $\sqrt{\dfrac{a+b}{2}} > \dfrac{\sqrt{a}+\sqrt{b}}{2} > \dfrac{\sqrt{a+b}}{2}$

⑤ $\sqrt{\dfrac{a+b}{2}} \geqq \dfrac{\sqrt{a}+\sqrt{b}}{2} > \dfrac{\sqrt{a+b}}{2}$

No.25
（解答 ▶ P.4）

$(2\sqrt{2}+1)a-(3\sqrt{2}+2)b-\sqrt{2}=0$ を満たす有理数 a, b を求めると $a=\boxed{}$, $b=\boxed{}$ になる。a, b の組合せとして正しいのはどれか。

	a	b
①	2	1
②	2	3
③	3	1
④	3	2
⑤	3	4

No.26
（解答 ▶ P.4）

$x=\sqrt{6}+\sqrt{5}$ のとき，$x+\dfrac{1}{x}$ の値はいくらか。

① $2\sqrt{6}$

② $2\sqrt{15}$

③ $2\sqrt{30}$

④ $3\sqrt{15}$

⑤ $3\sqrt{30}$

No.27
（解答 ▶ P.4）

$x=\dfrac{\sqrt{7}+\sqrt{5}}{\sqrt{7}-\sqrt{5}}$，$y=\dfrac{\sqrt{7}-\sqrt{5}}{\sqrt{7}+\sqrt{5}}$ のとき x^2+y^2 の値を求めよ。

① 132

② 142

③ 168

④ 180

⑤ 192

$1+\sqrt{5}$ の小数部分を a としたとき，$a^2+\dfrac{1}{a^2}$ の値として正しいのは，次のうちどれか。

① 14
② 16
③ 18
④ 20
⑤ 22

$[a]$ は a の整数部分を表し，(a) は a の小数部分を表す。このとき，次の式の値はいくつになるか。

$$[\sqrt{12}-1]+(\sqrt{5}+1)$$

① 1
② 2
③ $\sqrt{2}$
④ $\sqrt{5}$
⑤ $\sqrt{10}$

$x=\dfrac{\sqrt{5}-1}{\sqrt{5}+1}$，$y=\dfrac{\sqrt{5}+1}{\sqrt{5}-1}$ のとき，$x+3y$ の小数部分を表しているものはどれか。

ただし，$\sqrt{5}=2.23$ とする。

① $-2+\sqrt{5}$
② $-4+2\sqrt{5}$
③ $-6+3\sqrt{5}$
④ $-7+3\sqrt{5}$
⑤ $-8+4\sqrt{5}$

第2章 方程式と不等式

No.1
（解答 ▶ P.5）

下の連立方程式を解いたとき，z の値として正しいものは次のうちどれか。

$$\begin{cases} x - y + 2z = 11 \\ 2x + y - z = 3 \\ x + y - 3z = -10 \end{cases}$$

① 1　　② 2　　③ 3　　④ 4　　⑤ 5

No.2
（解答 ▶ P.5）

次の連立方程式の解 x, y, z の値の和として，正しいものはどれか。

$$\begin{cases} x + y - z = 6 \\ 2x - 3y - z = 5 \\ x - 2y + 2z = 21 \end{cases}$$

① 11　　② 15　　③ 17　　④ 22　　⑤ 26

No.3
（解答 ▶ P.5）

$x = \dfrac{\sqrt{2}}{\sqrt{2} - 1}$，$y = \dfrac{1}{\sqrt{2} + 1}$ のとき，$x - y$ はいくらになるか。

① -1　　② 1　　③ 2　　④ 3　　⑤ 4

No.4
（解答 ▶ P.5）

$x^2 - y^2 = 7$ のとき，$(x - y)^2 (x + y)^2$ の値はいくらか。

① 25　　② 36　　③ 49　　④ 64　　⑤ 81

$x - \dfrac{1}{x} = 3$ のとき，$x + \dfrac{1}{x}$ はいくらか。

   ① $\sqrt{13}$ ② $-\sqrt{13}$ ③ $\sqrt{15}$ ④ $\pm\sqrt{13}$ ⑤ $\pm\sqrt{15}$

$a + \dfrac{1}{a} = \sqrt{3}$ のとき，$a^2 + \dfrac{1}{a^2}$ の値はいくらか。

   ① -1 ② 0 ③ 1 ④ 2 ⑤ 3

$x = a + \dfrac{1}{a}$，$y = a^3 + \dfrac{1}{a^3}$ が成立するとき，y を x の式で表したものは次のどれか。

   ① $y = x^3 + 1$

   ② $y = x^2 + \dfrac{1}{x}$

   ③ $y = x^2 - 1$

   ④ $y = x^3 - 3x$

   ⑤ $y = x^3 + 1$

$x = 1 + \sqrt{2}$ のとき，$x^3 - 2x^2 - x + 1$ の値を求めよ。

   ① 1 ② $\dfrac{1}{2}$ ③ -1 ④ 0 ⑤ -2

No.9
（解答 ▸ P.6）

$A = \dfrac{1}{x} + y$, $B = \dfrac{1}{x} - y$ のとき, $A^2 - 2AB + B^2$ の値として正しいものを選べ。

① $\dfrac{1}{x^2}$ ② $\dfrac{4}{x^2}$ ③ y^2

④ $4y^2$ ⑤ $\dfrac{2y}{x}$

No.10
（解答 ▸ P.6）

2次方程式 $x^2 - 4x + 3 = 0$ の2つの解を α, β とするとき, $\alpha - 2$, $\beta - 2$ を2つの解とする2次方程式は次のどれか。

① $x^2 + 4x + 3 = 0$
② $x^2 - 3x + 2 = 0$
③ $x^2 - 3x + 1 = 0$
④ $x^2 - 2x + 1 = 0$
⑤ $x^2 - 1 = 0$

No.11
（解答 ▸ P.6）

$2x^2 - 3x - 2 = 0$ の2つの解を α, β とすると, 次の式の中で, 値が最大なのはどれか。

① $\alpha + \beta$ ② $\alpha^2 + \beta^2$ ③ $\dfrac{\beta}{\alpha} + \dfrac{\alpha}{\beta}$

④ $\alpha \beta$ ⑤ $\alpha^2 \beta^2$

No.12
（解答 ▸ P.6）

4次方程式 $2x^4 - 7x^2 + 3 = 0$ の解を求めよ。

① ± 2, 0 ② $\pm \dfrac{1}{\sqrt{2}}$, $\pm\sqrt{3}$ ③ $\pm\sqrt{2}$, $\pm\sqrt{3}$

④ $\pm\sqrt{2}$, $\pm\dfrac{1}{\sqrt{3}}$ ⑤ $\pm\sqrt{3}$, 0

No.13 (解答 ▶ P.6)

$x^2 - x - 6 = 0$ のとき，$x^4 + 4x^2 + 2x - 8$ の値を求めよ。

 ①   100 または 25

 ② － 80 または 42

 ③   115 または 20

 ④   95 または 32

 ⑤ － 15 または 84

No.14 (解答 ▶ P.7)

次の方程式の 3 つの解は，すべて実数であるが，それらの総和はいくらか。

  $x^3 + 3x^2 - x - 3 = 0$

 ① 3   ② 1   ③ － 1   ④ － 2   ⑤ － 3

No.15 (解答 ▶ P.7)

2 次方程式 $3x^2 - 18x + 5m = 0$ は異なる 2 つの解を持つ。この解の差が 4 であるとき，定数 m の値はいくらか。

 ① 1   ② 2   ③ 3   ④ 4   ⑤ 5

No.16 (解答 ▶ P.7)

$2x^2 - 6x + 5 = 0$ のとき，$2x^4 - 6x^3 + 3x^2 + 6x + 8$ の値はいくらか。

 ① 3   ② 5   ③ 10   ④ 13   ⑤ 15

No.17

（解答 ▶ P.7）

ある２桁の整数の，十の位の数字 x と一の位の数字 y を入れ替えてできる別の２桁の整数は，元の整数に $(y-x)^3$ を加えた値と等しくなる。このとき，$y-x$ の値はいくつか。ただし，$x<y$ であるとする。

①　1　　　　②　2　　　　③　3　　　　④　4　　　　⑤　5

No.18

（解答 ▶ P.7）

２次方程式 $2x^2+4x+1=0$ の２つの解を α，β とするとき，$\alpha+1$，$\beta+1$ を解とする２次方程式は次のどれか。

①　$x^2-2x+1=0$　　　　②　$2x^2-x+1=0$

③　$x^2-3x+2=0$　　　　④　$2x^2-1=0$

⑤　$x^2-x-1=0$

No.19

（解答 ▶ P.8）

２次方程式 $x^2+4x+6=0$ の解を α，β とするとき，$\dfrac{\beta}{\alpha}$ と $\dfrac{\alpha}{\beta}$ を解に持つ２次方程式は次のどれか。

①　$x^2-5x-1=0$　　　　②　$x^2-5x+1=0$

③　$x^2-\dfrac{8}{3}x+1=0$　　　　④　$x^2-\dfrac{2}{3}x+1=0$

⑤　$x^2+\dfrac{2}{3}x+1=0$

No.20

（解答 ▶ P.8）

$3x^2-2x-6=0$ の２つの解を α，β とするとき

（A）　$\alpha^2+\beta^2$　　（B）　$\dfrac{\beta}{\alpha-1}+\dfrac{\alpha}{\beta-1}$ の値の正しい組合せはどれか。

	A	B
①	9	-4
②	$\dfrac{41}{9}$	$-\dfrac{5}{8}$
③	5	$-\dfrac{34}{15}$
④	$\dfrac{40}{9}$	$-\dfrac{34}{15}$
⑤	7	-3

No.21 （解答 ▸ P.8)

2次方程式 $x^2 + 3x - 1 = 0$ の解を α，β とするとき，$\alpha^4 + \beta^4$ はいくらになるか。

① 107   ② 111   ③ 115   ④ 119   ⑤ 123

No.22 （解答 ▸ P.8)

$ax^2 + bx + c = 0$ の解を α，β とするとき，$\alpha\beta$，$\alpha + \beta$ を2つの解に持つ方程式はどれか。

① $(b^2 - c^2) x = a^2$ ② $a^2 - b - c = x$

③ $a^2 x^2 + (b + c) x - bc = 0$ ④ $ax^2 + (b - c) x - \dfrac{bc}{a} = 0$

⑤ $ax^2 + a(b - c) x - bc = 0$

No.23 （解答 ▸ P.8)

2次方程式 $x^2 + x + k = 0$ の解を α，β とするとき，次の2つの数を解に持つ2次方程式をつくれ。

$\alpha + \alpha^2 + \alpha^3$， $\beta + \beta^2 + \beta^3$

① $x^2 - 2(k - 1) x + k^2 = 0$ ② $x^2 - 2kx + (k - 1)^2 = 0$

③ $x^2 - (k - 1) x + k(k - 1) = 0$ ④ $x^2 - (k - 1) x + k(k - 1)^2 = 0$

⑤ $x^2 - k(k - 1) x + (k - 1)^2 = 0$

No.24 （解答 ▸ P.9)

整式 A，B をそれぞれ $A = x^2 + 1$，$B = x^2 + x - 2$ とすると，方程式 $A + 2B + 2 = 0$ を満足する x としての解は2つある。この2つの解をそれぞれ x_1，x_2 とすると，$x_1 + x_2$ はいくらか。

① $-\dfrac{2}{3}$ ② $-\dfrac{1}{2}$ ③ $\dfrac{1}{2}$ ④ $\dfrac{4}{3}$ ⑤ $\dfrac{5}{3}$

x についての2次方程式 $x^2 - (k - 3)x + (k + 1)^2 = 0$ が，2つの異なる実数解を持つときの k の範囲として，最も妥当なのはどれか。

① $-5 < k < \dfrac{1}{3}$　　　　② $-\dfrac{1}{3} < k < 5$

③ $k < -\dfrac{1}{3}$, $5 < k$　　　④ $k < -5$, $\dfrac{1}{3} < k$

⑤ $\dfrac{1}{3} < k < 5$

第3章 関　数

No.1　　　　　　　　　　　　　　　　　　　　　　　　　　　　　　　　　（解答 ▸ P.9）

$y = -x^2 + 4x + 3$ について，$-1 < x < 4$ における y の範囲として正しいものはどれか。

① $-2 < y < 3$

② $3 < y < 7$

③ $-2 < y < 11$

④ $-2 < y < 7$

⑤ $0 < y < 3$

No.2　　　　　　　　　　　　　　　　　　　　　　　　　　　　　　　　　（解答 ▸ P.9）

2 次関数 $y = -x^2 + 4x - 1$（$0 \leqq x \leqq 1$）の最大値はいくらか。

① 3　　　② 2　　　③ 1　　　④ 0　　　⑤ -1

No.3　　　　　　　　　　　　　　　　　　　　　　　　　　　　　　　　　（解答 ▸ P.9）

$0 \leqq x \leqq 2$ のとき，次の 2 次関数の最大値を求めよ。

$y = -x^2 - 2x + 2$

① 0　　　② 1　　　③ 2　　　④ 3　　　⑤ 4

No.4　　　　　　　　　　　　　　　　　　　　　　　　　　　　　　　　　（解答 ▸ P.10）

2 次関数 $y = x^2 - 6x + 3$ の最小値はいくらか。

① -6　　　② -3　　　③ 0　　　④ 3　　　⑤ 6

No.5

(解答 ▸ P.10)

2次関数 $y = \dfrac{1}{4}x^2 - x - 3$ について，$-3 \leqq x \leqq 4$ における y の最大値，最小値の値は次のうちどれか。

① 最大値 $\dfrac{9}{4}$，最小値 -4

② 最大値 -3，最小値 -4

③ 最大値 $\dfrac{9}{4}$，最小値 -16

④ 最大値 16，最小値 -3

⑤ 最大値 $\dfrac{9}{4}$，最小値 -3

No.6

(解答 ▸ P.10)

2次関数 $y = x^2 - 2x + 5$ の最大値と最小値の差を求めよ。ただし x の範囲を，$2 \leqq x \leqq 4$ とする。

① 7　　　② 8　　　③ 9　　　④ 10　　　⑤ 11

No.7

(解答 ▸ P.10)

$3x + y = 4$ のとき，$3x^2 + y^2$ の値が最小となるときの x の値として正しいものはどれか。

① -2　　② -1　　③ 1　　④ 2　　⑤ 4

No.8

(解答 ▸ P.10)

2次関数 $f(x) = -x^2 + 4mx - 3m^2 - m$ の最大値を $q(m)$ で表すとき $q(m)$ を最小にする m の値はいくらか。

① -2　　② 0　　③ $\dfrac{1}{2}$　　④ 1　　⑤ 3

No.9 (解答 ▸ P.10)

$y = ax^2 + 4x + a$ の最小値が 3 となるような a の値は次のどれか。

① 2　　　② 4　　　③ 6　　　④ 8　　　⑤ 10

No.10 (解答 ▸ P.10)

2 次関数 $y = 4x^2 - 16x + 7$ のグラフについて，誤っている記述は次のうちどれか。

①　頂点の座標は，$(2, -9)$ である。

②　$x = \dfrac{1}{2}, \ \dfrac{7}{2}$ で x 軸と交わる。

③　定義域 $0 \leqq x \leqq \dfrac{5}{2}$ のとき，値域 $-8 \leqq y \leqq 7$ である。

④　この 2 次関数のグラフを x 軸に関して対称に移動すると，$y = -4x^2 + 16x - 7$ となる。

⑤　$3 \leqq x \leqq 4$ の区間では，$x = 4$ のとき y の値は最大となり，その最大値は，$y = 7$ である。

No.11 (解答 ▸ P.11)

2 次関数 $y = x^2 + 6x + 8$ について述べた次の記述のうち，正しいものを選べ。

①　このグラフは $x = 2, \ 4$ において x 軸と交わる。

②　このグラフの頂点の y 座標は 17 である。

③　このグラフの y 切片の座標は $(0, 8)$ である。

④　このグラフを，原点が通るように x 軸方向に平行移動したグラフの式は，
$y = x^2 + 6x$ である。

⑤　定義域 $-8 \leqq x \leqq -5$ における y の最小値は，$y = -1$ である。

No.12 (解答 ▸ P.11)

原点と点 $(9, 9)$ を通り，頂点の x 座標が 3 であるような 2 次関数のグラフの頂点の y 座標として正しいものはどれか。

① 6　　　② 3　　　③ 1　　　④ -1　　　⑤ -3

No.13 (解答 ▶ P.11)

放物線 $y = -x^2 - 4x + 1$ のグラフを，放物線 $y = -x^2 + 12x - 25$ のグラフとなるように平行移動させる場合，x 軸方向および y 軸方向にどれだけ移動させればよいか。

① x 軸方向に -4，y 軸方向に 14

② x 軸方向に 8，y 軸方向に 6

③ x 軸方向に 4，y 軸方向に -14

④ x 軸方向に -8，y 軸方向に -6

⑤ x 軸方向に 4，y 軸方向に 14

No.14 (解答 ▶ P.12)

次のグラフのうち，x 軸方向にいくつか移動して，$y = \dfrac{x^2}{3} - 3x + \dfrac{23}{4}$ と重なるグラフはどれか。

① $y = \dfrac{x^2}{3} + 2x + 2$　　　② $y = \dfrac{x^2}{3} - 3x + \dfrac{47}{4}$

③ $y = \dfrac{x^2}{3} + 2x + \dfrac{8}{3}$　　　④ $y = \dfrac{x^2}{3} + 2x + 4$

⑤ $y = \dfrac{x^2}{3} - 3x + 5$

No.15 (解答 ▶ P.12)

$Z = x^2 + 2xy + 2y^2 - 8y + 18$ について，x, y が実数であるとき，Z の最小値として正しいものはどれか。

① -16　　② -4　　③ 2　　④ 18　　⑤ 34

No.16 (解答 ▶ P.12)

次の異なる3つの関数のグラフが，三角形を作らないような a の値をすべて挙げたものはどれか。

$$4y - 3x - 8 = 0$$
$$2y + x - 2 = 0$$
$$2y - ax - 8 = 0$$

① -1，$\dfrac{3}{2}$　　　　② -1，$\dfrac{3}{2}$，$\dfrac{13}{2}$　　　　③ 1，$\dfrac{3}{2}$，$-\dfrac{13}{2}$

④ 1，$-\dfrac{3}{2}$，$\dfrac{13}{2}$　　　　⑤ 1，$-\dfrac{3}{2}$

第4章 関数のグラフと方程式・不等式

No.1 （解答 ▶ P.13）

直線 $y = 2x + 4$ と垂直に交わる直線はどれか。

① $y = \dfrac{1}{2}x + 2$

② $y = 2x + 6$

③ $y = -\dfrac{1}{2}x + 1$

④ $y = -2x + 3$

⑤ $y = 5$

No.2 （解答 ▶ P.13）

座標平面上における，直線 $y = 2x + 5$ と2次関数 $y = x^2 - x + 1$ の交点を求め，y 座標の大きいほうの値を答えよ。

① 3　　　② 7　　　③ 10　　　④ 13　　　⑤ 16

No.3 （解答 ▶ P.13）

x, y 座標のグラフで3点 $(-1,\ 1)$, $(2,\ 3)$, $(5,\ a)$ が一直線上にあるようにするとき，a の値はいくらか。

① 4　　　② $\dfrac{9}{2}$　　　③ 5　　　④ 7　　　⑤ $\dfrac{21}{4}$

No.4 （解答 ▶ P.13）

3点 $(-2,\ 1)(0,\ -2)(4,\ k)$ を通る直線がある。k の値はいくらか。

① ＋2　　　② ＋4　　　③ －3　　　④ －5　　　⑤ －8

No.5

（解答 ▶ P.13）

次の関数のグラフが x 軸と交わる点の x 座標の値をすべて選んだ組合せとして，もっとも妥当なものはどれか。

$$y = x^2 - (x + 1)^2 - (x + 2)^2$$

① -1，-5　　　　② 1，-5　　　　③ 0

④ -1，5　　　　⑤ 1，5

No.6

（解答 ▶ P.13）

直線 $y = mx + 2$ が放物線 $y = x^2 + 3x + 3$ に接しているとき，m の値として正しいのはどれか。

① 2，7　　　　② 1，5　　　　③ -1，3

④ $\dfrac{1}{2}$，4　　　　⑤ $\dfrac{3}{2}$，3

No.7

（解答 ▶ P.13）

$y = x^2 + x + 1$ と直線 $y = ax$ がある点において接している。このような定数 a の値は２つあるが，大きい方の a の値はいくらか。

① -3　　　② -1　　　③ 0　　　④ 1　　　⑤ 3

No.8

（解答 ▶ P.14）

２次関数 $y = x^2 + 3x + k$ と１次関数 $y = x - k$ が，異なる２つの共有点を持つとき，k の値の範囲として正しいものはどれか。

① $k < 0$　　　　② $k < \dfrac{1}{2}$　　　　③ $k < -\dfrac{1}{2}$

④ $k > \dfrac{1}{2}$　　　　⑤ $k > -\dfrac{1}{2}$

2次方程式 $x^2 + (2k-1)x + k^2 - 3k - 1 = 0$ が実数解を持つとき，定数 k の範囲で正しいものはどれか。

① $k \geqq \dfrac{4}{5}$

② $k \geqq -\dfrac{5}{4}$

③ $k \geqq \dfrac{5}{4}$

④ $k \geqq -\dfrac{5}{8}$

⑤ $k \geqq \dfrac{5}{8}$

2次方程式 $ax^2 + bx + c = 0$（ただし $a > 0$）が異なる2つの正の実数解を持つとき，a，b，c の条件として適当なものはどれか。

① $b^2 + 4ac > 0$, $\dfrac{b}{2a} < 0$, $c > 0$

② $b^2 - 4ac > 0$, $\dfrac{b}{2a} < 0$, $c > 0$

③ $b^2 + 4ac > 0$, $\dfrac{b}{2a} > 0$, $c > 0$

④ $b^2 - 4ac > 0$, $\dfrac{b}{a} > 0$, $c < 0$

⑤ $b^2 - ac > 0$, $\dfrac{b}{2a} > 0$, $c > 0$

放物線 $y = x^2 + 4x + 1$ の，x 軸に平行な直線との接点の座標はどれか。

① $(-1, -2)$

② $(-2, -3)$

③ $(-2, -1)$

④ $(2, 3)$

⑤ $(2, -3)$

No.12

(解答 ▶ P.14)

２次関数 $y = x^2 + 2ax + b$ が点 $(2, 2)$ を通り，その頂点が直線 $2x - 3y + 1 = 0$ 上にあるとき，a と b の組合せで正しいものを選べ。

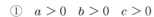

	a	b
①	2	-7
②	-2	8
③	3	5
④	-1	2
⑤	3	-1

No.13

(解答 ▶ P.14)

次のようなグラフで表される２次関数 $y = ax^2 + bx + c$ がある。このとき，定数 a, b, c の符号の組合せとして正しいものはどれか。

① $a > 0$　$b > 0$　$c > 0$

② $a < 0$　$b < 0$　$c < 0$

③ $a > 0$　$b < 0$　$c > 0$

④ $a < 0$　$b < 0$　$c > 0$

⑤ $a < 0$　$b > 0$　$c > 0$

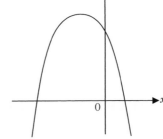

No.14

(解答 ▶ P.15)

$y < -x + 3$, $y < \dfrac{1}{2}x + 1$, $y > 0$ を満たす領域を，グラフ中のア〜サの中からすべて選んだ組合せはどこか。ただし，領域は境界を含まないものとする。

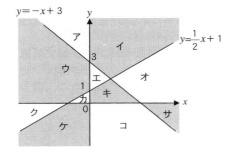

① ア，イ

② ウ，エ，オ

③ カ，キ

④ ク，サ

⑤ ケ，コ

次の２式で表される領域をあみで示したとき，正しいものはどれか。

$$2y - x - 1 \leqq 0 \qquad y \geqq 3x^2 - 12x - 15$$

①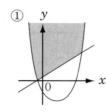

②

③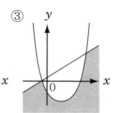

④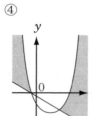

⑤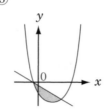

次の３つの不等式を同時に満たす xy 平面上の部分を斜線で表したものとして，正しいものはどれか。

$$y \leqq -x^2 + 2x + 10$$

$$y \geqq \frac{1}{2}x + 2$$

$$y \geqq -\frac{1}{2}x + 2$$

①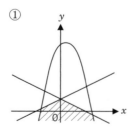

②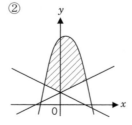

③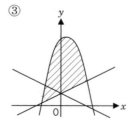

④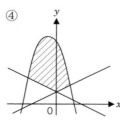

⑤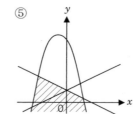

No.17 (解答 ▸ P.15)

$3.6x + 6y = 18$ が x 軸と交わる点を a, y 軸と交わる点を b とするとき, ab の長さは次のどれか。

① 5

② $\sqrt{31}$

③ $\sqrt{34}$

④ 6

⑤ $\sqrt{41}$

No.18 (解答 ▸ P.15)

図のように, $x = 3$ と, $y = \dfrac{2}{3}x + 2$ のグラフと座標軸で囲まれた斜線部の面積はいくらか。

① 6

② 7

③ 8

④ 9

⑤ 10

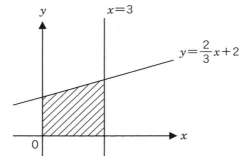

No.19 (解答 ▸ P.15)

放物線 $y = 2x^2$ があり, 図のように点 A, B, C, D をとる。点 A の x 座標を a とすると, 四角形 ABCD の面積はいくらになるか。

① $2a^3$

② $4a^3$

③ $2a$

④ $4a^2$

⑤ $2a^2$

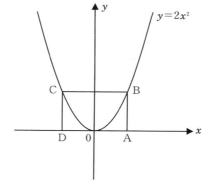

放物線 $y = ax^2$ と，点 A（6，0）と点 B（0，6）を通る直線 ℓ が図のように交差している。

放物線と直線 ℓ の交点のうち，x 座標が正となる点を P，原点を O と置く。

三角形 OAP の面積が 9 のとき，a の値はいくらか。

① $\dfrac{1}{2}$

② $\dfrac{1}{3}$

③ $\dfrac{1}{4}$

④ 2

⑤ 3

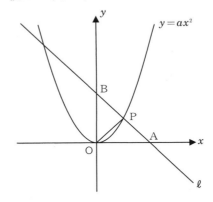

図のように，中心の座標が（P，4），半径が 1 の円がある。ただし，P ＞ 0 である。この円を原点 O を中心に 1 回転させたときに描いた軌跡の面積が 20π であるとき，P の値を求めなさい。

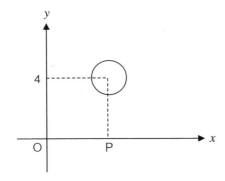

① 2

② 3

③ 4

④ 5

⑤ 6

No.22

（解答 ▶ P.16）

xy 座標上に中心が（2，4），半径 1 の円 A がある。この円が，点（2，0）を中心に一周してできる領域の面積として正しいものはどれか。円周率は π とする。

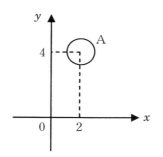

① $8\sqrt{2}\,\pi$

② $8\sqrt{3}\,\pi$

③ $16\,\pi$

④ $8\sqrt{5}\,\pi$

⑤ $24\,\pi$

No.23

（解答 ▶ P.16）

図のように，xy 座標上に円 O と円 O′ があり，2 つは 1 点で接している。円 O の中心は座標の原点（0，0）で半径 4，円 O′ の中心は（6，0）で半径 2 である。この円 O と円 O′ の両方に接する接線を引き，接点の座標はそれぞれ A，B とする。この接線の延長線と x 軸との交点 P の座標を（a，0）とするとき，a の値として正しいものはどれか。なお，接点 A，B の x 座標，y 座標はいずれも正の値を取るとする。

① 10

② 12

③ 14

④ 16

⑤ 18

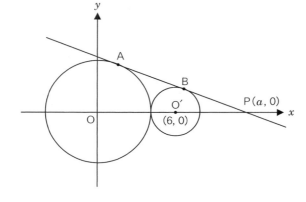

No.24 (解答 ▸ P.17)

$-3x^2 + 7x - 3 \geqq 0$ の解を求めよ。

① $1 < x < \dfrac{7}{3}$

② $\dfrac{1}{2} \leqq x \leqq 3$

③ $\dfrac{7 - \sqrt{11}}{6} \leqq x \leqq \dfrac{7 + \sqrt{11}}{6}$

④ $\dfrac{2 - \sqrt{3}}{3} \leqq x \leqq \dfrac{2 + \sqrt{3}}{3}$

⑤ $\dfrac{7 - \sqrt{13}}{6} \leqq x \leqq \dfrac{7 + \sqrt{13}}{6}$

No.25 (解答 ▸ P.17)

不等式 $x^2 + 9x - 10 > 0$ を満たす x の範囲として妥当なものはどれか。

① $x < -10,\ 1 < x$

② $x < -1,\ 10 < x$

③ $x < -10,\ -1 < x$

④ $-10 < x < 1$

⑤ $-1 < x < 10$

No.26 (解答 ▸ P.17)

$2x^2 - 13x + 6 \geqq 0$ の解として，正しいものはどれか。

① $\dfrac{1}{2} \leqq x \leqq 6$

② $x \leqq \dfrac{1}{2},\ 6 \leqq x$

③ $-6 \leqq x \leqq \dfrac{1}{2}$

④ $x \leqq -6,\ \dfrac{1}{2} \leqq x$

⑤ $x \leqq -6,\ -\dfrac{1}{2} \leqq x$

No.27

（解答 ▶ P.17）

任意の実数 x に対して常に $ax^2 - 4ax + a + 1 > 0$ となるための実数 a の範囲を求めよ。

① $a \geqq 0$
② $-1 < a < 1$
③ $0 \leqq a < \dfrac{1}{3}$

④ $1 \leqq a \leqq 3$
⑤ $\dfrac{1}{2} \leqq a \leqq 4$

No.28

（解答 ▶ P.17）

$x^2 - 3x - 10 \leqq 0$, $x^2 - 7x - 8 \geqq 0$ の 2 つの条件を満足する x の範囲はどれか。

① $x \leqq -1, \ 5 \leqq x$
② $x \leqq -2, \ -1 \leqq x$
③ $-1 \leqq x \leqq 5$

④ $5 \leqq x \leqq 8$
⑤ $-2 \leqq x \leqq -1$

No.29

（解答 ▶ P.17）

次の 2 つの不等式を同時に満たす x の範囲をすべて挙げたものとして，正しいものはどれか。

$$4x^2 + 8x \geqq 0 \qquad \dfrac{x^2}{2} + \dfrac{x}{2} - 6 < 0$$

① $-4 < x \leqq 2$
② $-2 \leqq x < 3$
③ $x < -4, \ -2 \leqq x \leqq 0, \ 3 < x$
④ $-4 < x \leqq -2, \ 0 \leqq x < 3$
⑤ $-3 < x \leqq -2, \ 0 \leqq x < 4$

No.30

（解答 ▶ P.18）

不等式 $x^2 - 20 < |x|$ の解を求めよ。

① $-4 < x < 5$
② $-5 < x < 5$
③ $0 < x < 5$

④ $-5 < x < 0$
⑤ $-5 < x < 4$

No.31 （解答 ▶ P.18）

x についての２次不等式 $ax^2 + bx + 4 < 0$ の解が，$x < -1, 2 < x$ となるように定数 a, b を定めた。このときの a の値として正しいものは，次のうちどれか。

① -2　　　② -1　　　③ 1

④ 2　　　⑤ 3

No.32 （解答 ▶ P.18）

方程式 A，B，C のうち，その式の解 x，y が不等式 $x^2 - 2x - 4y + 3 \leqq 0$ を必ず満たすようなもののみを全て挙げているのはどれか。

A　$4x^2 - 12x + 4y - 21 \geqq 0$

B　$x^2 + y^2 - 8x - 14y + 64 \leqq 0$

C　$2y - x + 4 \geqq 0$

① A　　　② A，B　　　③ B

④ B，C　　　⑤ C

No.33 （解答 ▶ P.19）

x，y，z が正の数で，「$x + y < z$」「$y^2 = xz$」のとき $\dfrac{x}{y}$ の範囲で正しいのはどれか。

① $\dfrac{x}{y} > \dfrac{-1 - \sqrt{5}}{2}$

② $\dfrac{x}{y} > \dfrac{-1 + \sqrt{5}}{2}$

③ $0 < \dfrac{x}{y} < \dfrac{-1 + \sqrt{5}}{2}$

④ $\dfrac{x}{y} > \dfrac{-1 + \sqrt{5}}{2}$

⑤ $\dfrac{-1 + \sqrt{5}}{2} > \dfrac{x}{y} > \dfrac{-1 - \sqrt{5}}{2}$

第5章 三角比

No.1
（解答 ▶ P.19）

次のうち，$\tan\theta < \cos\theta < 0 < \sin\theta$ を満たす θ の値として，正しいのはどれか。

① $0°$

② $30°$

③ $60°$

④ $120°$

⑤ $180°$

No.2
（解答 ▶ P.19）

次の等式で正しいのはどれか。

① $\sin(-\theta) = \sin\theta$

② $\cos(180° - \theta) = -\sin\theta$

③ $\cos(-\theta) = -\cos\theta$

④ $\tan(180° - \theta) = -\tan\theta$

⑤ $\tan\theta = \tan(-\theta)$

No.3
（解答 ▶ P.19）

$\sin\theta = \dfrac{3}{5}$ のとき，$\cos\theta$ の値を求めなさい。ただし，$0° < \theta < 90°$ とする。

① $-\dfrac{4}{5}$

② $\dfrac{4}{5}$

③ $\dfrac{\sqrt{2}}{5}$

④ $-\dfrac{\sqrt{2}}{5}$

⑤ $\pm\dfrac{4}{5}$

$\sin \theta = \dfrac{2}{3}$ のとき，$\tan \theta$ の値として正しいものは，次のうちどれか。ただし，$0° < \theta < 90°$ とする。

① $\dfrac{3}{\sqrt{5}}$

② $\dfrac{\sqrt{5}}{3}$

③ $-\dfrac{\sqrt{5}}{3}$

④ $\dfrac{2\sqrt{5}}{5}$

⑤ $-\dfrac{2\sqrt{5}}{5}$

$\cos \theta = \dfrac{1}{4}$ のとき，$\sin \theta$ の値はいくらか。ただし，$0° < \theta < 90°$ とする。

① $-\dfrac{\sqrt{15}}{4}$

② $-\dfrac{1}{4}$

③ $\dfrac{1}{4}$

④ $\dfrac{3}{4}$

⑤ $\dfrac{\sqrt{15}}{4}$

$\cos \theta = \dfrac{12}{13}$ のとき，$\tan \theta$ の値は次のうちどれか。ただし，$0° < \theta < 90°$ とする。

① $\dfrac{1}{13}$

② $\dfrac{1}{12}$

③ $\dfrac{5}{12}$

④ $-\dfrac{5}{12}$

⑤ $-\dfrac{1}{12}$

No.7

（解答 ▶ P.20）

次の方程式を満たす θ をすべて挙げたものとして，最も妥当なものはどれか。ただし，$0° \leqq \theta \leqq 180°$ とする。

$$2\sin^2 \theta - \cos \theta - 1 = 0$$

① $\theta = 30°,\ 150°$

② $\theta = 30°,\ 120°$

③ $\theta = 60°,\ 120°$

④ $\theta = 60°,\ 180°$

⑤ $\theta = 60°,\ 120°,\ 180°$

No.8

（解答 ▶ P.20）

$\sin \theta + \cos \theta = \dfrac{3}{5}$ のとき，$\sin \theta \cos \theta$ の値を求めよ。

① $-\dfrac{8}{25}$

② $-\dfrac{4}{5}$

③ $\dfrac{4}{5}$

④ $\dfrac{8}{25}$

⑤ $\dfrac{17}{25}$

No.9

（解答 ▶ P.21）

$\sqrt{3}x - 3y - 2 = 0$ のグラフが x 軸の正の向きとなす角 θ の大きさとして，正しいものはどれか。

① $30°$

② $40°$

③ $45°$

④ $60°$

⑤ $85°$

次の式を変形したものとして正しいものはどれか。ただし，$0° < \theta < 90°$ とする。

$$\frac{\cos \theta}{1 - \sin \theta} + \frac{\cos \theta}{1 + \sin \theta}$$

① $2\cos \theta$

② $\dfrac{1}{\cos \theta}$

③ $\sin \theta$

④ $\dfrac{2}{\cos \theta}$

⑤ $\dfrac{1}{\sin \theta}$

次の式を簡単にしたものとして正しいものはどれか。ただし，$0° < \theta < 90°$ とする。

$$\frac{(\sin \theta + \cos \theta + 1)(\sin \theta + \cos \theta - 1)}{(1 + \sin \theta)(1 - \sin \theta)}$$

① $\tan \theta$

② $\dfrac{\cos \theta}{\sin \theta}$

③ $2\cos \theta$

④ $\dfrac{1}{\cos \theta}$

⑤ $2\tan \theta$

No.12 （解答▶P.21）

$\sin \theta - \cos \theta = \dfrac{1}{2}$ のとき，$\sin^3 \theta - \cos^3 \theta$ の値はどれか。

① 　2

② 　$\dfrac{1}{2}$

③ 　$\dfrac{3}{16}$

④ 　$\dfrac{3}{8}$

⑤ 　$\dfrac{11}{16}$

No.13 （解答▶P.21）

$0° < \theta < 90°$ のとき，$y = \sin^2\theta + \sin\theta + 2\cos^2\theta + 3$ の最大値を求めよ。

① 　5

② 　$\dfrac{5}{2}$

③ 　3

④ 　$\dfrac{17}{2}$

⑤ 　$\dfrac{21}{4}$

No.14 （解答▶P.21）

立体 ABCD － EFGH は，1辺の長さが全て3cm で，上面 ABCD と底面 EFGH は正方形である。
辺 DH と水平面がなす角が 60° のとき，この立体の体積を求めなさい。

① 　$\dfrac{81}{4}$ cm³

② 　$\dfrac{27\sqrt{3}}{2}$ cm³

③ 　4 cm³

④ 　5 cm³

⑤ 　7 cm³

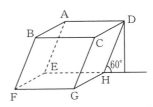

No.15 （解答 ▶ P.22）

1辺が$\sqrt{3}$ の正方形 ABCD において，辺 CD の上に DE = 1 となるように点 E をとり，辺 BC 上に∠BAF = 15°になる点 F をとると EF の長さはいくらか。なお tan15° = 2 −$\sqrt{3}$ である。

① $2\sqrt{3} - 2$

② $2\sqrt{2} - 1$

③ $3\sqrt{2} - 3$

④ $3\sqrt{2} - 1$

⑤ $3 -\sqrt{3}$

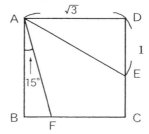

No.16 （解答 ▶ P.22）

三角形 1 つの角が 30°でその角を挟む辺の長さが 10 cm と 4 cm であるとき，この三角形の面積はいくらか。

① 2 cm^2

② 5 cm^2

③ 8 cm^2

④ 10 cm^2

⑤ 12 cm^2

No.17 （解答 ▶ P.22）

三角形 ABC における，辺 AB の長さを求めよ。

∠B = 60°　　AC = $2\sqrt{13}$　　BC = 2

① 6

② $4\sqrt{3}$

③ 7

④ 8

⑤ $5\sqrt{3}$

No.18

（解答 ▶ P.22）

あるビルについて，以下の3つのことを調べた。

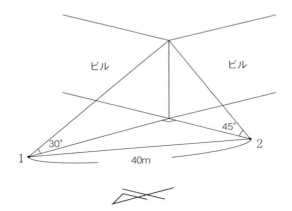

1. ビルの真北（図中1の地点）から屋上の仰角は30°
2. ビルの真西（図中2の地点）から屋上の仰角は45°
3. 1と2の地点の直線距離は40m

このとき，このビルの高さは何mか。

①　10m

②　$4\sqrt{30}$m

③　$16\sqrt{5}$m

④　20m

⑤　$20\sqrt{3}$m

No.19

（解答 ▶ P.23）

ある地点Pからビルの屋上を見上げたときの仰角が33°であった。次に，Pからビルに向かって水平に25m進んだ地点Qから再びビルの屋上を見上げたときの仰角が45°であった。測定者の目の高さは考慮しないとすると，ビルの高さに最も近いものは次のうちどれか。なお，必要に応じて以下の値を用いなさい。

$\sin 33° = 0.5446$

$\cos 33° = 0.8387$

$\tan 33° = 0.6494$

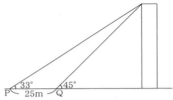

①　29.90m

②　46.31m

③　58.39m

④　89.52m

⑤　130m

第6章 数　列

A．数列

No.1 （解答 ▶ P.23)

ある規則で並べられた数列がある。

2, 6, 18, 54, ‥‥‥

この数列の第5項と第6項の差として適当なものはどれか。

① 300

② 312

③ 324

④ 336

⑤ 348

No.2 （解答 ▶ P.23)

第5項が77，第15項が57である等差数列がある。この数列で33は第何項になるか。正しいものを選べ。

① 第22項

② 第25項

③ 第27項

④ 第30項

⑤ 第31項

No.3 （解答 ▶ P.23)

第5項が− 48，第8項が384である等比数列がある。この数列の第3項はどれか。ただし各項は実数とする。

① − 4

② − 8

③ − 12

④ − 16

⑤ − 18

No.4

(解答 ▶ P.23)

5 で割ると 3 余る正の整数（3，8，13，…）を小さいほうから順に並べたとき，20 個目までの数の総和はいくらか。

① 552

② 883

③ 1010

④ 1115

⑤ 1237

No.5

(解答 ▶ P.24)

次の数列の第 4 項から第 20 項までの和を求めよ。

2，8，18，32，50，72，‥‥‥

① 2856

② 4912

③ 4940

④ 5712

⑤ 5740

B．確率

No.1

(解答 ▶ P.24)

3 つのサイコロを同時に振ったとき，3 つの数の和が 13 となる確率はどうなるか。

① $\dfrac{1}{6}$

② $\dfrac{1}{7}$

③ $\dfrac{3}{14}$

④ $\dfrac{7}{72}$

⑤ $\dfrac{1}{8}$

2人で，どちらかが勝つまでジャンケンをする。3回以内で勝負がつく確率を求めよ。

① $\dfrac{11}{27}$

② $\dfrac{17}{27}$

③ $\dfrac{8}{9}$

④ $\dfrac{25}{27}$

⑤ $\dfrac{26}{27}$

箱の中に白球4個，赤球3個，黒球5個が入っている。この箱から同時に3個取り出すとき，少なくとも1個が白球である確率を求めよ。

① $\dfrac{14}{55}$

② $\dfrac{83}{220}$

③ $\dfrac{41}{55}$

④ $\dfrac{10}{11}$

⑤ $\dfrac{54}{55}$

No.4

（解答▶P.24）

3個のサイコロを投げたとき，2個だけが同じ目である確率を求めよ。

① $\dfrac{1}{12}$

② $\dfrac{5}{36}$

③ $\dfrac{7}{36}$

④ $\dfrac{5}{12}$

⑤ $\dfrac{91}{216}$

No.5

（解答▶P.24）

2個のサイコロがある。同時にサイコロを振るとき，出た目の数の和が7になる確率はいくつか。

① $\dfrac{1}{36}$

② $\dfrac{2}{36}$

③ $\dfrac{1}{12}$

④ $\dfrac{2}{6}$

⑤ $\dfrac{1}{6}$

（解答 ▸ P.24）

1 から 8 までの数字が 1 つずつ書かれた 8 枚のカードがある。これらのカードを無作為に引いて左から並べたとき，一番左が 1 で一番右が 8 になる確率を選べ。

① $\dfrac{1}{14}$

② $\dfrac{1}{28}$

③ $\dfrac{1}{56}$

④ $\dfrac{1}{112}$

⑤ $\dfrac{1}{336}$

C. その他

（解答 ▸ P.24）

$\log_{10}2 = 0.301$ のとき，2^{15} のケタ数として正しいのはどれか。

① 3 ケタ

② 4 ケタ

③ 5 ケタ

④ 6 ケタ

⑤ 7 ケタ

（解答 ▸ P.25）

対数 $\log_2 10 + \log_4 25$ の計算をせよ。

① $\log_2 35$

② $\log_2 50$

③ $\log_2 250$

④ $\log_4 35$

⑤ $\log_4 250$

No.3

(解答 ▶ P.25)

$\vec{a} = (2, 3)$ であるとき，$\vec{a}$ に垂直で，大きさが 1 のベクトルを求めると次のうちどれか。

① $\left(\dfrac{3}{\sqrt{13}}, \ -\dfrac{2}{\sqrt{13}} \right)$, $\left(-\dfrac{3}{\sqrt{13}}, \ \dfrac{2}{\sqrt{13}} \right)$

② $\left(\dfrac{3}{\sqrt{13}}, \ -\dfrac{2}{\sqrt{13}} \right)$

③ $\left(-\dfrac{3}{\sqrt{13}}, \ \dfrac{2}{\sqrt{13}} \right)$

④ $\left(\dfrac{3}{\sqrt{13}}, \ \dfrac{2}{\sqrt{13}} \right)$, $\left(-\dfrac{3}{\sqrt{13}}, \ -\dfrac{2}{\sqrt{13}} \right)$

⑤ $\left(\dfrac{2}{\sqrt{13}}, \ -\dfrac{3}{\sqrt{13}} \right)$, $\left(-\dfrac{2}{\sqrt{13}}, \ \dfrac{3}{\sqrt{13}} \right)$

No.4

(解答 ▶ P.25)

$\vec{a} = (3, 4)$ と同じ方向の単位ベクトルはどのように表されるか。

① $\left(\dfrac{3}{5}, \ \dfrac{7}{5} \right)$

② $\left(\dfrac{4}{5}, \ \dfrac{7}{5} \right)$

③ $\left(\dfrac{3}{5}, \ \dfrac{4}{5} \right)$

④ $\left(\dfrac{3}{5}, \ -\dfrac{4}{5} \right)$

⑤ $\left(\dfrac{6}{5}, \ \dfrac{4}{5} \right)$

No.5

(解答 ▶ P.25)

3 次関数 $f(x) = 2x^3 + 3x^2 - 5$ の極大値と極小値を求めよ。

	極大値	極小値
①	25	0
②	25	5
③	-4	25
④	-4	-5
⑤	0	-5

No.6 （解答 ▶ P.25）

$y = 2x^2 + x$ 上の点 $(3, 21)$ における接線の方程式を $y = ax + b$ とすると，$a + b$ はいくらか。

① -5

② -3

③ -1

④ 1

⑤ 3

No.7 （解答 ▶ P.25）

放物線 $y = x^2 + 3x - 18$ と x 軸で囲まれる部分の面積を求めよ。

① $\dfrac{27}{2}$

② $\dfrac{729}{2}$

③ $\dfrac{243}{2}$

④ 27

⑤ 729

No.8 （解答 ▶ P.26）

2 定点 $F(c, 0)$，$F'(-c, 0)$ からの距離の和が一定 $2a$ である点の軌跡はどれか。またその図形を何というか。

① $\dfrac{x^2}{a^2} - \dfrac{y^2}{b^2} = 1$（ただし，$a^2 - b^2 = c^2$），放物線

② $\dfrac{x^2}{a^2} + \dfrac{y^2}{b^2} = 1$（ただし，$a^2 - b^2 = c^2$），双曲線

③ $\dfrac{x^2}{a^2} - \dfrac{y^2}{b^2} = 1$（ただし，$a^2 - b^2 = c^2$），楕円

④ $y^2 = 4cx$，放物線

⑤ $\dfrac{x^2}{a^2} + \dfrac{y^2}{b^2} = 1$（ただし，$a^2 - b^2 = c^2$），楕円

No.9

（解答 ▶ P.26）

関数 $y = x^3 + \dfrac{3}{2} x^2 - 6x + 7$ が極大値をとるときの x の値として正しいものはどれか。

 ① -4

 ② -2

 ③ 0

 ④ 1

 ⑤ 2

数的推理

第1章 文章題

① 方程式の導き方と解き方

No.1
（解答 ▶ P.27）

A，B，C の 3 つの整数がある。

A + B = 35

B + C = 42

であるとき，A と C の大きさの比較としてどれが正しいか。

① C は A より 7 小さい

② A は C より 7 小さい

③ A は C より 3 小さい

④ C は A より 4 大きい

⑤ C は A より 5 大きい

No.2
（解答 ▶ P.27）

3 つの数 a，b，c がある。a，b，c の和は 6 で，b と c の和は a の 2 倍に 3 を加えた数である。また，3a + 2b + c = 10 であるとき，c の値として正しいのはどれか。

① 1

② 2

③ 3

④ 4

⑤ 5

No.3
（解答 ▶ P.27）

同じ大きさで白，ピンク，オレンジ，黄色と色が異なるボールが，50 個ずつある。これらすべてのボールを 1 つの箱に入れて，いずれか 1 色を確実に 10 個以上取り出したい。そのためには，最低何個取り出せばよいか。

① 31 個

② 35 個

③ 37 個

④ 41 個

⑤ 50 個

No.4

（解答▶P.27）

5つの連続する1ケタの自然数から，2つを選んで和を求める。この作業を3回行ったところ，和が5，8，10となった。5つの自然数のうち最大のものはどれか。

① 5
② 6
③ 7
④ 8
⑤ 9

No.5

（解答▶P.27）

2ケタの整数で，1の位と10の位の数を入れ換えると，もとの数の $1\frac{3}{4}$ 倍になるものは何個あるか。

① 2個
② 3個
③ 4個
④ 5個
⑤ 6個

No.6

（解答▶P.27）

分子 x が8の倍数である分数 $\dfrac{x}{9}$ を小数で表し，その小数第1位を四捨五入したところ，19となった。このとき，x を20で割った余りとして正しいものはどれか。

① 3
② 8
③ 12
④ 15
⑤ 17

3 と 6 と 9 が次のように繰り返し 113 個並んでいる。

(3, 6, 3, 3, 9, 3, 6, 3, 3, 9, 3, 6, 3, 3, 9 ……)

この 113 個の数のうち 3 は全部でいくつあるか。

①   66 個

②   67 個

③   68 個

④   69 個

⑤   70 個

現在，兄は 1,800 円，弟は 5,000 円の貯金がある。来月から毎月，兄は 800 円，弟は 400 円ずつ貯金していくと，兄の貯金と弟の貯金が等しくなるには，どれだけ必要か。

①   6 カ月

②   7 カ月

③   8 カ月

④   9 カ月

⑤   10 カ月

駐車場がある。普通車は最初の 1 時間で 400 円の駐車料金であり，1 時間増す毎に一定の料金が加算されるシステムである。今，7 時間駐車したとすると，その料金は 5 時間駐車したときの 1.3 倍であるという。それでは 8 時間駐車したときの料金はいくらか。

①   1,350 円

②   1,450 円

③   1,550 円

④   1,600 円

⑤   1,650 円

No.10

（解答 ▶ P.28）

ある金額を A，B 2 人に分けると，A は全体の $\frac{3}{4}$ よりも 300 円少なく，B は全体の $\frac{1}{3}$ よりも 100 円多かった。もとの金額はいくらか。

① 1,600 円
② 1,800 円
③ 2,000 円
④ 2,200 円
⑤ 2,400 円

No.11

（解答 ▶ P.28）

子供達をつれてピクニックに行った。公園の売店で子供達にリンゴを 3 個ずつ買うと 100 円足りず，リンゴより 1 個 10 円安い梨を 3 個ずつ買うと 80 円余るので，梨を買った。子供の人数は何人か。

① 4 人
② 6 人
③ 7 人
④ 8 人
⑤ 10 人

No.12

（解答 ▶ P.28）

A 君はチョコ 1 個とアイス 4 個とあめ玉 5 個を買い，B 君はアイス 6 個とあめ玉 5 個を買い，C 君はチョコ 2 個とあめ玉 10 個を買った。3 人が支払った金額は皆同じであった。チョコ 1 個が 100 円であるとき，あめ玉 1 個の値段はいくらか。

① 10 円
② 20 円
③ 30 円
④ 40 円
⑤ 50 円

（解答 ▶ P.28）

2種類のコイン A，B がある。これを両替すると，コイン A 1 枚につき，コイン B 2 枚に替えることができる。ただし，コイン A 10 枚ごとに手数料としてコイン A 1 枚が必要である。コイン A を 56 枚持って両替に行くと，何枚のコイン B に替えることができるか。なお，両替は 1 度しか出来ず，両替の手数料は初めの 56 枚の中から用意するものとする。

① 102 枚
② 105 枚
③ 107 枚
④ 110 枚
⑤ 120 枚

（解答 ▶ P.28）

父と子供 3 人の計 4 人がおり，現在，父は 36 歳で長男と次男と三男はそれぞれ 2 歳ずつ違い，3 人の子供の年齢の合計は 18 歳である。父の年齢と子供 3 人の年齢の合計が等しくなるのは今から何年後か。

① 8 年後
② 9 年後
③ 10 年後
④ 11 年後
⑤ 12 年後

（解答 ▶ P.28）

現在，姉は 7 歳で，姉と妹の年齢の和は，5 年後の姉の年齢に等しい。また，3 年後の姉の年齢の 3 倍に，そのときの妹の年齢を足した値は，3 年後の父の年齢と等しい。妹が生まれたとき，姉と父の年齢差はいくつだったか。

① 25 歳
② 27 歳
③ 28 歳
④ 30 歳
⑤ 32 歳

No.16

（解答 ▶ P.28）

図のように入り口から水を入れ
A に 5L たまると溢れて B に入り
B に 4L 〃 C 〃
C に 3L 〃 D 〃
D に 2L 〃 E 〃
E に 1L たまると注水は止まる。

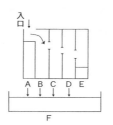

ここで E を除く A，B，C，D の底が開きカップ F に放水する。次に再び入口から注水が始まり同じ順を経て D に 2L たまると注水は終わり，今度は D を除く A，B，C の底が開き F に放水する。同じようにして A，B，C に注水，C にたまると注水はストップし，A，B の底が開き放水。次に A，B に注水，B にたまると A の底が開き放水する。このとき F にたまった水の量は何 L になるか。

① 20L

② 30L

③ 40L

④ 50L

⑤ 60L

No.17

（解答 ▶ P.29）

連続する 3 つの正の奇数がある。一番小さい数と真ん中の数のそれぞれの平方の和は，残りの数の 12 倍より 2 だけ小さい。このときの 3 つの数を求めよ。

① 7，9，11

② 9，11，13

③ 11，13，15

④ 5，7，9

⑤ 3，5，7

No.18 （解答 ▸ P.29）

次の 3 つの式が成り立つように空所 $\boxed{A}$ ～ $\boxed{C}$ に適当な数を 1 つずつ入れたとき，$\boxed{A}$ ～ $\boxed{C}$ のそれぞれに入る 3 つの数の和はどれか。

$\boxed{A} \div \boxed{B} \div \boxed{C} = 4$

$\boxed{A} \div \boxed{B} - \boxed{C} = 12$

$\boxed{A} - \boxed{B} = 105$

① 117　　② 120　　③ 123

④ 126　　⑤ 129

No.19 （解答 ▸ P.29）

長さ 5 cm，7 cm，9 cm，11 cm，12 cm の 5 本の棒がある。この 5 本の中の 3 本の棒を使って三角形を作るとすると，作り得る三角形の数はいくつか。

① 9　　② 10　　③ 11

④ 12　　⑤ 13

No.20 （解答 ▸ P.29）

ある演算⊗について

$1 \otimes 1 = 7$

$1 \otimes 2 = 8$

$2 \otimes 1 = 13$

$2 \otimes 2 = 14$

$1 \otimes (1 \otimes 1) = 13$

のとき，「$2 \otimes (4 \otimes 1)$」はいくらか。

① 30　　② 37　　③ 40

④ 42　　⑤ 47

No.21

(解答 ▶ P.29)

縦 a cm，横 b cm の長方形のタイルを1辺が 200 cm の正方形の床にすき間無く敷きつめたい。80 枚以上 90 枚以下のタイルを使って敷きつめるとき，$a + b$ の最小値として正しいのはどれか。ただし，$a < b$ とする。

① 30

② 35

③ 40

④ 45

⑤ 50

No.22

(解答 ▶ P.29)

友人 10 人でパーティーをするため，ケーキ A，B，C の3種類を組合せて買うことにした。それぞれの金額は 340 円，380 円，360 円である。10 人のうち，2 人はケーキ A，3 人はケーキ B，他の 5 人はどれでもよいことになっている。予算 3,650 円で，できるだけ予算が余らないようにケーキの種類を組合せるとき，残金はいくらになるか。ただし，ケーキ A，B，C をそれぞれ最低 1 個は購入するものとする。

① 0 円

② 10 円

③ 20 円

④ 30 円

⑤ 40 円

No.23

(解答 ▶ P.29)

トライアスロンの競技があり，自転車競争のコースを走っている。このコースには等間隔に人が並んでいた。今，自転車で一定速度で走った時間と通過した人の数と自転車の走行距離を測定したところ，1 分間あたり通過した人の数に 2.95 をかけると自転車の 1 時間当たりの走行キロ数と等しい数値となった。隣り合った人の間隔はおよそどれ程か。

① 25 m

② 30 m

③ 42 m

④ 45 m

⑤ 49 m

40 人のクラスで正，副，書記の 3 人の役員を決めるのに選挙を行った。6 人立候補しているとき，どれかの役に必ず当選するには最低何票取ればよいか。ただし，1 人 1 票で，無効票はないものとする。

① 7 票
② 8 票
③ 11 票
④ 12 票
⑤ 14 票

42ABCD と表される 6 ケタの整数がある。いま，上 2 ケタの 42 を下 2 ケタの位置に移してABCD42 と表したとき，この 6 ケタの整数は，もとの整数 42ABCD の 2 倍になった。B と C の和はいくらか。

① 9
② 10
③ 11
④ 12
⑤ 13

整数 m を 4 で割ると商が n で余りが 1，整数 k を 4 で割ると商が l で余りが 3 である。m ＋ k を 4 で割ったときの商と余りの組合せとして正しいものはどれか。

① 商は $n \times l$，余り 0
② 商は $n + l$，余り 1
③ 商は $n + l + 1$，余り 0
④ 商は $n \times l + 1$，余り 1
⑤ 商は $n + l + 1$，余り 2

No.27

（解答 ▶ P.30）

歯数が 20 の歯車 A と歯数 12 の歯車 B が，かみあって回転している。歯車 A が 6 回転するとき，歯車 B は何回転するか。

① 10 回転
② 12 回転
③ 14 回転
④ 15 回転
⑤ 16 回転

No.28

（解答 ▶ P.30）

A，B 2 管で水槽に水を入れるのに A 管だけでは 3 時間，B 管だけでは 4 時間でいっぱいになる。また水槽いっぱいの水は底の栓を抜くと 12 時間で空になるという。いま，この水槽が空のとき，底の栓を抜いたままで A，B 両管を同時に使って水を入れると，いっぱいになるまでに何時間かかるか。

① 1 時間
② 1.2 時間
③ 1.5 時間
④ 2 時間
⑤ 2.4 時間

No.29

（解答 ▶ P.30）

5 L の水槽を 2 分 30 秒で満水にできるポンプがある。穴が空いた容積不明の水槽があり，これを同じポンプを使って 10 分で満水にすることができた。穴から毎分 0.5 L の水が漏れるとき，この水槽の容積はいくらか。

① 11 L
② 12 L
③ 13 L
④ 14 L
⑤ 15 L

No.30 (解答 ▶ P.30)

一定量のお湯が注がれ続けている温泉がある。この温泉が満水の状態からポンプ5台で排水すると20分でお湯が無くなり，ポンプ8台で排水すると10分でお湯が無くなる。温泉が満水の状態からポンプ10台で排水したとき，お湯が無くなるまでの時間はどれだけか。ポンプはどれも同じ能力であり，排水中もお湯が注がれているものとする。

① 6.0分
② 6.5分
③ 7.0分
④ 7.5分
⑤ 8.0分

No.31 (解答 ▶ P.30)

ある会社の従業員の所持金を調べたところ，2万円以上持っている者は全体の$\frac{1}{3}$，1万円未満の者は全体の$\frac{1}{2}$，1万円以上2万円未満と5千円以上1万円未満の人数は同じであった。5千円未満が14人のとき，この会社の従業員数は何人か。

① 36人
② 39人
③ 42人
④ 45人
⑤ 48人

No.32 (解答 ▶ P.31)

ある学級の中で，男性は半分より4人多く，女性は全員の$\frac{5}{12}$であるとき，女性の数は何人か。

① 18人
② 20人
③ 22人
④ 24人
⑤ 26人

No.33

（解答 ▶ P.31）

ある本を1日目には全体の半分より10ページ多く読み，2日目は残りの半分より20ページ多く読んだが，まだ全体の $\frac{1}{9}$ 残っていた。この本は何ページあるか。

① 180ページ
② 200ページ
③ 225ページ
④ 250ページ
⑤ 270ページ

No.34

（解答 ▶ P.31）

ビー玉が何個かあり，これらをA～Cの3人に分ける。Aは全体の5分の1と6個，BはAの取った残りの6分の1と10個，Cは残り全部を取ったところ，Bのビー玉の数とCのビー玉の数が等しくなった。ビー玉は全部で何個か。

① 40個
② 45個
③ 50個
④ 55個
⑤ 60個

No.35

（解答 ▶ P.31）

加藤君は学校で夏休みの課題プリントをもらった。最初の1週目で，配られたプリントの $\frac{1}{5}$ を終わらせた。次の2週目に解いた枚数と，2週目が終わったときに残っていたプリントの枚数は同じであった。しかし次の日が登校日で，そのとき残っていた枚数と同じだけのプリントをもらった。3週目に，登校日に残っていた分の $\frac{3}{8}$ を解いたら，残りは25枚であった。はじめに配られたプリントの枚数は何枚か。

① 14枚
② 25枚
③ 33枚
④ 48枚
⑤ 50枚

A，B，C 3つの商品があり，A は 1 個 40 円，B は 50 円，C は 30 円である。いま A，B，C をそれぞれ最低 1 個は買うこととして，合計 8 個買い 340 円払った。C を何個買ったか。ただし，A，B，C を買った個数は A ＞ B ＞ C とする。

① 5 個

② 4 個

③ 3 個

④ 2 個

⑤ 1 個

物質 a，b は燃焼するとある熱量を生じる。今，図のように 2 種類の物体ア，イがあり，各々の物体は物質 a，b より構成されている。そして物体アが完全に燃焼しきったときに生じる熱量は，物体イが完全に燃焼したときに生じる熱量の 1.25 倍であるという。このとき物質 a を燃焼したときに生じる熱量は，物質 b が燃焼したときに生じる熱量の何倍か。ただし，物質 a，b が燃焼時に生じる熱量は，そのつながり方が同種どうし，異種どうしに関わらず，差異はないものとする。

① 1.2 倍

② 1.6 倍

③ 2.0 倍

④ 2.4 倍

⑤ 2.8 倍

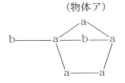
（物体ア）

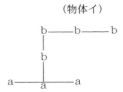
（物体イ）

960 に 2 ケタの整数 x をかけると，別の 3 ケタの整数 y の 2 乗と等しくなる。このとき，x ＋ y の値のうち最も小さいものはどれか。

① 55

② 110

③ 120

④ 135

⑤ 155

No.39

（解答 ▶ P.32）

あるタクシー会社では 1.2 km まで基本料金 A 円で，それ以降は 0.3 km 増すごとに B 円加算していく。4 km 乗ったとき 1,500 円，7 km 乗ったとき 2,400 円とする。このとき基本料金はいくらか。

① 520 円
② 540 円
③ 560 円
④ 580 円
⑤ 600 円

No.40

（解答 ▶ P.32）

30 L の水槽を満水にしたい。ポンプ A 1 台では 12 分，ポンプ B 1 台では 18 分かかる。はじめ，ポンプ A 1 台を使っていたら途中で故障してしまったため，ポンプ B 1 台に切り替えた。作業が終わって調べたところ，ポンプ A，B はそれぞれ同じ時間稼働したことがわかった。この水槽を満水にするのに，全体で何分かかったか。最も近いものを選べ。

① 2 分
② 4.6 分
③ 7.2 分
④ 14.4 分
⑤ 15 分

No.41

（解答 ▶ P.33）

容積 120 L の水槽を満たすのに，ポンプ A のみでは 15 分，ポンプ B のみでは 20 分かかり，ポンプ A，B，C の 3 つを用いると 4 分かかる。ポンプ C のみを用いた場合，何分何秒かかるか。

① 4 分 28 秒
② 7 分 30 秒
③ 7 分 50 秒
④ 12 分 25 秒
⑤ 16 分ちょうど

No.42 （解答 ▶ P.33）

子供と大人で鬼ごっこをしている。今，子供は先に飛び出して 10 歩走ったところである。子供が 5 歩行くとき，大人は 6 歩行く。また，子供が 9 歩行く距離を大人は 6 歩で達する。上記から，大人は何歩で子供に追いつくか。

① 13 歩

② 15 歩

③ 18 歩

④ 22 歩

⑤ 30 歩

No.43 （解答 ▶ P.33）

ある小学校で学年対抗 100 m 競走が行われた。学年毎にハンディがつけられていたが 1 年生は 6 年生よりスタートラインが 40 m 前になっていた。6 年生の B 君は 1 年生の A 君と競走したが，B 君の歩幅は 1 歩が 60 cm で，A 君の歩幅は 1 歩 40 cm であった。また B 君は A 君が 5 歩行く間に 6 歩行く。B 君が A 君に追いつくのは，B 君がスタートして何歩目か。

① 145 歩目

② 150 歩目

③ 155 歩目

④ 160 歩目

⑤ 165 歩目

No.44 （解答 ▶ P.33）

A と B が鬼ごっこをしている。A が 7 歩進む間に B は 8 歩進み，B の 8 歩は A の 12 歩と同じ距離である。今，A は B の歩幅で 40 歩前を逃げているとき，B は何歩で A に追いつくか。

① 60 歩

② 72 歩

③ 78 歩

④ 84 歩

⑤ 96 歩

No.45

（解答 ▶ P.34）

次の図はある会社の組織構成を示している。どの課長のもとにも同じ人数の何人かの係長が，どの係長のもとにも同じ人数の係員がいる。係員は係長より，係長は課長より人数が多く，1人の係長が管理する係員数は，1人の課長が管理する係長数の2倍である。いま，係員が588人であるとき，社長を除いて総勢何人になるか。

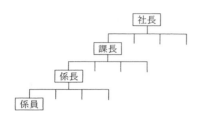

① 616 人

② 622 人

③ 629 人

④ 636 人

⑤ 643 人

No.46

（解答 ▶ P.34）

互いに異なる正の整数 A 〜 E に次のような関係が成り立つとき，これらの大小関係として妥当なものはどれか。

$$E > A$$
$$1 + A = C$$
$$D \times E < A \times C$$
$$B \times D = D$$

① B < A < E < C < D

② B < A < D < E < C

③ B < D < A < C < E

④ D < B < A < E < C

⑤ D < A < B < C < E

No.47

（解答 ▶ P.34）

1個150円と80円の生菓子を混ぜて20個を箱に入れ，箱代250円を含めて2,500円以内にしたい。150円の生菓子を最も多く入れたとして何個入れたらよいか。

① 8 個

② 9 個

③ 10 個

④ 11 個

⑤ 12 個

ケーキを 20 個買う。ケーキ A は 300 円, ケーキ B は 500 円で, 箱代が 100 円かかる。予算が 9,000 円で, ケーキ B をできるだけ多く買いたい。このとき, ケーキ A とケーキ B の個数の差はいくつか。

①　9 個

②　8 個

③　7 個

④　6 個

⑤　5 個

360 人の高校生と何人かの大人でテーマパークに遠足に行く。このテーマパークの入場料は, 大人 500 円, 高校生 300 円である。団体割引は年齢に関係なく 2 割引, 学割は高校生のみ 3 割引になる。どちらか一方の割引しか使えないとき, 学割を使った方が入場料が安くなるのは, 大人何人までか。

①　106 人

②　107 人

③　108 人

④　109 人

⑤　110 人

ある商品を 6 個以上買うと 1 個分無料になるサービスと, この店の会員カードを提示すると 1 割引きになるサービスがある。ただし, どちらか一方のサービスしか受けられない。今, この商品を 6 個以上買うとき, 会員カードを提示せずに 1 個分無料のサービスを受けたほうが安くなる条件は次のうちどれか。

①　8 個以上買うとき

②　6 個から 8 個まで買うとき

③　9 個以上買うとき

④　6 個から 9 個まで買うとき

⑤　6 個から 10 個まで買うとき

No.1

（解答 ▶ P.35）

男女の合計が 40 人のクラスで身長を測ったところ，男子の平均身長は 168 cm，女子の平均身長は 158 cm であった。このクラスの平均身長が 164 cm であったとすると，男子と女子の人数の差は何人か。

    ① 5 人

    ② 6 人

    ③ 7 人

    ④ 8 人

    ⑤ 9 人

No.2

（解答 ▶ P.35）

ある企業の新入社員研修会で会場に椅子を入れた。研修を受ける新入社員が椅子 1 脚に 5 人が座ると 10 脚余り，4 人がけにすると 5 脚不足する。新入社員の数と椅子の数の組合せで正しいのはどれか。

	社員	椅子
①	65	15
②	300	70
③	310	72
④	320	74
⑤	350	80

No.3

（解答 ▶ P.35）

ある学校の入学試験で，受験者が 800 人いた。全体の平均得点は 54 点で，男性の平均は 56 点であったが，女性の平均は男性より 5 点低いことが分かった。女性の受験生は何人いたか。

    ① 300 人

    ② 310 人

    ③ 320 人

    ④ 330 人

    ⑤ 350 人

お菓子を 50 g ずつ量りとって，袋に詰める装置がある。この装置は 2％の割合で，間違って 52 g 量りとって袋に詰めてしまうことがわかっている。この装置で詰めた袋の平均質量として正しいものはどれか。ただし，袋の質量は無視できるものとする。

① 50.04 g

② 50.05 g

③ 50.40 g

④ 50.80 g

⑤ 51.00 g

あるグループで旅行に出かけた。8 人ずつ分けると，7 人部屋が 1 つできて部屋は余らない。9 人ずつ分けると 8 人部屋が 1 つできて部屋が 1 つ余る。このグループで借りた部屋の数はいくつか。

① 8 部屋

② 9 部屋

③ 10 部屋

④ 11 部屋

⑤ 12 部屋

サークルの合宿のため，いくつかのコテージを借りた。6 人ずつ分けると，1 つは 4 人になってコテージは余らない。7 人ずつ分けると，1 つは 5 人になってコテージが 1 つ余る。このとき，合宿に参加したメンバーは何人か。

① 38 人

② 39 人

③ 40 人

④ 41 人

⑤ 42 人

No.7

（解答 ▶ P.35）

男女 20 人ずつの集団があり，男性の平均身長は女性の平均身長より 6 cm 高かった。いま，男性 2 人がこの集団から抜けたが，それは男性の平均身長より 4 cm および 2 cm 低い者だった。この 2 人が抜けた後の男女の平均身長の差は約何 cm か。

① 6.1 cm

② 6.2 cm

③ 6.3 cm

④ 6.4 cm

⑤ 6.5 cm

No.8

（解答 ▶ P.36）

ある町に一辺 50 m の正方形の公園がある。この回りに 40 本の桜の木が等間隔に植えられている。隣の町にこれと同じ面積だが一辺 25 m の長方形の堤がある。この堤の回りに上記公園と同じ間隔で桜の木を植えたい。何本用意したらよいか。

① 20 本

② 30 本

③ 35 本

④ 40 本

⑤ 50 本

No.9

（解答 ▶ P.36）

あるテストについて，A 組〜D 組まで 4 クラス合計の平均点は 78.85 点であった。これに，E 組の点数を加味したところ，5 クラス合計の平均点は 79 点になった。このとき，E 組のクラス平均は何点か。なお，A 組〜E 組まで，生徒の人数はどのクラスも 40 人である。

① 71.0 点

② 75.2 点

③ 77.7 点

④ 78.1 点

⑤ 79.6 点

ある高校 3 年生のクラスで，生徒の平均年齢を調べた。このクラスの人数は 40 人である。7 月末に平均年齢を調べると，6 月末より 0.2 歳高くなった。この 1 ケ月の間で，18 歳の人数が倍になったとすると，7 月生まれの生徒の人数は何人であるか。ただし，このクラスには 17 歳と 18 歳の生徒しかいないものとする。

①　2 人

②　4 人

③　6 人

④　8 人

⑤　10 人

ある書店で 1 日に売れた文庫本と単行本の平均単価はそれぞれ 540 円，1,260 円だった。また両方合わせた平均単価は 700 円だった。両方の 1 日の売り上げ冊数の合計として考えられるのはどれか。

①　70 冊

②　78 冊

③　85 冊

④　90 冊

⑤　104 冊

ある資格試験で，受験者の 25％が合格したが，合格者の平均点は合格最低点より 12 点高く，不合格者の平均点は，合格者の平均点より 24 点低かった。また全受験者の平均点は 55 点であるとき，合格点は何点であったか。

①　73 点

②　68 点

③　61 点

④　59 点

⑤　55 点

No.13

（解答 ▸ P.36）

A〜Cの3人がテストをしたところ，3人の平均点は60点で，AとBの差は15点，BとCの差は33点であった。3人のうちで考えられる一番低い点数は何点か。

① 31点

② 33点

③ 35点

④ 37点

⑤ 39点

No.14

（解答 ▸ P.37）

旅行会の参加者がある旅館に泊まることになった。1部屋に6人ずつ泊まると2人部屋が1つでき，7人ずつ泊まると3人部屋が1つでき，8人ずつ泊まると4人部屋が1つできる。この旅館では200人以上の人を収容することはできないという。このとき，全参加者の数の一の位と十の位の数の和はいくらか。

① 14

② 13

③ 12

④ 11

⑤ 10

No.15

（解答 ▸ P.37）

会員数600人のクラブがある。今日はほとんど全員が出席したが，その数は10人ずつのグループに分けると3人余り，15人ずつのグループに分けると8人余り，21人ずつのグループに分けると5人余るというものであった。出席者を6人ずつに分けると何人余るか。

① 1人

② 2人

③ 3人

④ 4人

⑤ 5人

③　割合と比

A，B，C 3 人の年齢について，A と C との年齢の比は 4：7，B と C との年齢の比は 4：3 であるという。A と B との年齢の比はいくつか。

①　3：8

②　4：7

③　3：10

④　4：10

⑤　3：7

今年父親の年齢は 38 歳で，子供の年齢は 11 歳である。誕生日を同一として，この二人の年齢の比が 3：2 になるのは何年後か。

①　30 年後

②　35 年後

③　37 年後

④　41 年後

⑤　43 年後

A さんは，月収の 12％を一年間貯蓄した。その貯蓄の 40％を使って，144,000 円のツアーに参加した。A さんの月収として，最も近いものはどれか。

①　22 万

②　23 万

③　24 万

④　25 万

⑤　26 万

No.4 （解答 ▶ P.38）

機械 **A** は 1 時間に 60 個の部品を作るが，5％の割合で不良品が含まれる。機械 **B** は 1 時間に 40 個の部品を作るが，2.5％の割合で不良品が含まれる。**A**，**B** をそれぞれ 1 時間稼働させたとき，生産個数に対する不良品の数は全体で何％になるか。

① 3％

② 3.5％

③ 3.75％

④ 4％

⑤ 4.5％

No.5 （解答 ▶ P.38）

装置 **A**，**B**，**C** でそれぞれ 100 個の商品を作る。同時に作り始めてから 1 分後までに完成した数は，**A** は 20 個，**B** は **A** より 5 個少なく，**C** は **A** より 8 個少なかった。**B** が 100 個作り終えてから，**C** が 100 個作り終えるまでにかかる時間は何分何秒であるか。

① 1分25秒

② 1分30秒

③ 1分40秒

④ 1分50秒

⑤ 2分06秒

No.6 （解答 ▶ P.38）

A，**B**，**C** の 3 人でプレゼントを購入した。このとき，3 人が出した金額の比は，**A**：**B** ＝ 5：4，**B**：**C** ＝ 3：2 であった。**A** が 930 円出したとすると，プレゼントの金額はいくらか。

① 2,100 円

② 2,170 円

③ 2,200 円

④ 2,250 円

⑤ 2,470 円

A，B 2 種類の米がある。A，B を 1:2 の割合で混ぜると，1kg あたりの値段が 1,500 円になり，2:3 の割合で混ぜると，1kg あたりの値段が 1,530 円になる。B の米の 1kg あたりの値段はいくらか。

① 1,200 円

② 1,250 円

③ 1,300 円

④ 1,350 円

⑤ 1,400 円

6,000 円の商品 X を ABC の 3 人でお金を出し合って購入したところ，それぞれの負担額の比は A：B：C＝5：3：4 となった。別の日にある商品 Y を 3 人で購入したところ，負担額の比は A：B：C＝3：4：5 となったが，B の負担額は前回と同じであった。商品 Y の金額はいくらか。

① 6,700 円

② 5,400 円

③ 4,500 円

④ 3,750 円

⑤ 2,950 円

A，B，C 組のテストを行った。平均点は，A 組が 72 点，B 組が 36 点，全体が 60 点であった。各クラスの人数の比は A：B：C＝3：2：1 であったとき，C 組の平均点は何点か。

① 64 点

② 66 点

③ 68 点

④ 70 点

⑤ 72 点

No.10

（解答 ▶ P.39）

あるテストについて，集団 A の正答率は 20%，集団 B の正答率は 35% であった。集団 A，B あわせたときの正答率は何% であるか。なお，集団 A と集団 B の人数は等しいものとする。

① 3.5%

② 7.0%

③ 27.5%

④ 37.0%

⑤ 55.0%

No.11

（解答 ▶ P.39）

A，B，C の 3 人がいる。各人の所持金の合計は 3,000 円で，B は C より 40 円多く持っており，また A の所持金の 5% を C に与えると，C の所持金は B の所持金よりも 20 円多くなる。B と C の所持金の合計はいくらか。

① 1,740 円

② 1,760 円

③ 1,780 円

④ 1,800 円

⑤ 1,820 円

No.12 （解答 ▶ P.39）

オレンジ果汁が 0.5 L 入ったペットボトル A と，水が 1.5 L 入ったペットボトル B がある。まず，A から 0.2 L だけ取り出し，B に入れ均一になるように混ぜ合わせる。次に B から，A より取り出した量と同量を取り出し，A に入れ均一になるように混ぜ合わせる。この操作の後，A に入っている水（最初 B に入っていたもの）の量と B に入っているオレンジ果汁（最初 A に入っていたもの）の量を比べると，▢ ア ▢。またこの操作を無限に繰り返すと，B におけるオレンジ果汁の濃度はだんだん高くなり，限りなく ▢ イ ▢ パーセントに近づく。

ア，イに入るものの組合せとして正しいものは，以下のうちどれか。

	ア	イ
①	同じである	12.5
②	同じである	25
③	同じである	33
④	前者の方が多い	25
⑤	後者の方が多い	33

No.13 （解答 ▶ P.39）

ある中学校の昨年の生徒数は 355 人であったが，今年は昨年に比べて男子が 4% 増加し，女子は 5% 減少したので，全体で 2 人少なくなった。今年の男子と女子の生徒数をそれぞれ求めよ。

	男子	女子
①	182 人	171 人
②	181 人	172 人
③	180 人	173 人
④	179 人	174 人
⑤	178 人	175 人

No.14 （解答 ▶ P.40）

ある都市の 1 年間の人口増加の割合は 20% であった。また，この 1 年間で男女比が 13：12 から 11：9 に変わった。1 年間の女子の人口増加の割合は何 % か。

① 12%

② 12.5%

③ 13%

④ 13.5%

⑤ 14%

No.15 （解答 ▶ P.40）

AとBが，毎月の給料の一部を貯蓄している。AとBの月収の比は5:6であり，Aは月給の$\frac{1}{10}$を，Bは月給の$\frac{1}{8}$を貯蓄している。1年後の貯蓄額の比として，正しいものはどれか。

① 2:3

② 3:4

③ 4:5

④ 5:6

⑤ 6:7

No.16 （解答 ▶ P.40）

ある団体客が旅館に泊まるのに，1室に10人ずつ割り当てるとちょうど1室不足する。いくつかの部屋に11人ずつ入ることにすると，10人部屋と11人部屋の数の比が3:2となり，全員収容することができた。団体客の人数は何人か。

① 240人

② 252人

③ 260人

④ 265人

⑤ 268人

No.17 （解答 ▶ P.40）

学生アルバイトA，B1ケ月の収入の比は10:7であり支出の比は2:1である。一年経過して年度末に貯金出来た額はA，Bとも60万円であった。Aの1ケ月の収入はいくらか。

① 12万円

② 12.5万円

③ 14万円

④ 15万円

⑤ 15.5万円

No.18 (解答 ▶ P.41)

A社は男性と女性の従業員数の比が7:3であり，B社は女性の従業員の方が男性より24人多い。今，A社とB社が合併すると，男性と女性の従業員の人数が同じになる。B社の男性と女性の従業員数の比はいくらか。ただし，A社とB社の総従業員数の比は3:2である。

　　　　　男性　女性
① 　1 : 2
② 　1 : 3
③ 　1 : 4
④ 　2 : 3
⑤ 　2 : 5

No.19 (解答 ▶ P.41)

Aさんは，BさんとCさんから毎日アメ玉をもらっている。ある日，Bさんからもらったアメ玉の数は，Cさんからもらった数の4倍であった。そして，Bさん，Cさんからもらったアメ玉を同数ずつ食べた結果，BさんとCさんからもらったアメ玉の比が8:1になった。Cさんからもらったアメ玉の数は，5個以上10個以下であった。以上のことより，Cさんからもらったアメ玉はいくつ残っているか。

① 1個
② 2個
③ 3個
④ 4個
⑤ 5個

No.20 (解答 ▶ P.41)

高橋，香川，下条の3人の体重について，以下のことが分かっている。

a 高橋と香川の体重の合計と，下条の体重の比率は5:2。

b 香川と下条の体重の合計と，高橋の体重の比率は4:1。

このとき，高橋，香川，下条の体重の大小関係として正しいものは，次のうちどれか。

① 香川 ＞ 高橋 ＞ 下条
② 高橋 ＞ 下条 ＞ 香川
③ 下条 ＞ 高橋 ＞ 香川
④ 高橋 ＞ 香川 ＞ 下条
⑤ 香川 ＞ 下条 ＞ 高橋

No.21

（解答 ▶ P.41）

2歳から10歳までの3人の子供達がいる。父の財産900万円をその年齢に比例して配分することにした。今年分けると2番目の子が300万円受け取り，来年になると一番上の子が450万円受け取ることになる。3人の年齢の組合せとして正しいのはどれか。

① 3，5，7

② 2，5，7

③ 2，6，8

④ 2，5，8

⑤ 3，5，8

No.22

（解答 ▶ P.41）

あるクラスで通学手段の調査を行った。生徒は必ず，自転車，徒歩，電車のいずれか1つを選んでいる。調査したところ，男子の内訳は自転車：徒歩：電車＝2：2：1，自転車で通学している者の男女比は男子：女子＝5：3，徒歩で通学している者の男女比は男子：女子＝5：2であった。
このクラスは45人学級で，男子：女子＝5：4であるとき，女子で電車通学している者の人数は何人か。

① 7人

② 8人

③ 9人

④ 10人

⑤ 11人

No.23

（解答 ▶ P.42）

A，B2つの学校の生徒総数の比は5：4である。また両校の男子学生数の比は2：3で女子の学生数の比は3：2である。A校の学生総数を1としたとき，B校の女子学生数はどうなるか。

① $\dfrac{1}{2}$

② $\dfrac{2}{3}$

③ $\dfrac{13}{24}$

④ $\dfrac{13}{25}$

⑤ $\dfrac{14}{25}$

（解答 ▶ P.42）

No.24

あるサークルにおいて，平成 26 年度の男女比は 6：7 であった。脱会した人数と新しく入会した人数が同じだったため，平成 27 年度のメンバーの人数は去年と変わらなかったが，新しく入会したメンバーが男性だけだったので男女比は逆転した。脱会した女性メンバーが 3 人だったとすると，このサークルの構成人数は何人か。

    ① 22 人

    ② 23 人

    ③ 35 人

    ④ 36 人

    ⑤ 39 人

（解答 ▶ P.42）

No.25

100 人の高校生が，国語・数学・英語のテストを受けた。60 点以上と 60 点未満の者の比は，国語が 3：2，数学が 1：1，英語が 3：7 であった。英語が 60 点以上だった者は国語も 60 点以上であった。また，国語と数学が 60 点以上だったものは 10 人いた。3 教科とも 60 点未満だったのは 5 人であった。このとき，3 教科すべてが 60 点以上だった者は何人か。なお，受験者 100 人は全員 3 教科すべてを受験している。

    ① 5 人

    ② 6 人

    ③ 7 人

    ④ 8 人

    ⑤ 9 人

④ 損益計算

No.1

（解答▶P.43）

定価1,200円のメロンを1割引きで売っても，定価の1割5分は利益であるとき，原価はいくらか。

① 800円

② 850円

③ 900円

④ 950円

⑤ 1,000円

No.2

（解答▶P.43）

ある品物に仕入れ値の3割増しの定価をつけていた。この品物を定価の2割引きで売ったところ200円の利益があった。仕入れ値はいくらか。

① 4,800円

② 5,000円

③ 5,200円

④ 5,400円

⑤ 5,600円

No.3

（解答▶P.43）

ある工場では全生産量の5％が不良品である。良品1個につき80円の利益があり，不良品1個につき360円の損をするという。この工場では1個につきいくらの利益が見込めるか。

① 50円

② 55円

③ 58円

④ 60円

⑤ 62円

No.4 (解答 ▶ P.43)

1個200円で大量に仕入れたものに，利益が3割になるように定価をつけた。品物が好評で売り切れたので，さらに500個仕入れ，今度は利益が4割になるように定価をつけて売ると，すべて売れた。全体での利益が76,000円になったとすると，はじめの仕入れは何個になるか。

① 300個
② 400個
③ 500個
④ 600個
⑤ 700個

No.5 (解答 ▶ P.43)

ある商品をその定価の12%引きで売っても，原価の21%の利益があるようにするためには，定価を原価の何%増しにしておけばよいか。

① 33.0%
② 34.5%
③ 36.0%
④ 37.5%
⑤ 39.0%

No.6 (解答 ▶ P.43)

ある商品を1個150円で20個仕入れた。全部売れたとき，売上高に対する原価（仕入れ値）の割合を45%以下にするには，1個いくらで販売すればよいか。最も適切なものを選びなさい。

① 320円以下
② 330円以上
③ 330円以下
④ 340円以上
⑤ 340円以下

No.7

（解答▶P.43）

ある商品を1個あたりの原価300円で100個仕入れた。これを3割の利益を見込んで定価を設定して販売した。閉店間際だったので，最後の20個は定価の2割引きで販売したところ，完売できた。はじめに予定していた利益と，実際の利益の差額はいくらか。

① 940円

② 1,200円

③ 1,260円

④ 1,560円

⑤ 1,800円

No.8

（解答▶P.43）

商品A，Bを100個ずつ仕入れ，はじめAは1,400円，Bは1,000円で販売する予定であった。しかし，予定を変更して，Aは1,200円，Bは1,500円で販売することになった。Aが完売するものとして，予定の金額で販売したとき以上の利益を得るためには，Bは何個以上販売できればよいか。なお，A，Bの仕入れ金額はあわせて20,000円である。

① 75個

② 76個

③ 79個

④ 80個

⑤ 81個

⑤ 食塩水の濃度

No.1 （解答 ▶ P.44）

5%の食塩水 20g，7%の食塩水 70g，10%の食塩水 10g を混合した溶液の濃度は何%になるか。

① 3.9%
② 4.9%
③ 5.9%
④ 6.9%
⑤ 7.9%

No.2 （解答 ▶ P.44）

8%の食塩水 50g と，7%の食塩水 60g を混合した溶液がある。これに，水を加え希釈して，5%の食塩水にしたいとき，水は何 g 加えればよいか。

① 53g
② 54g
③ 55g
④ 56g
⑤ 57g

No.3 （解答 ▶ P.44）

5%の食塩水が 500g ある。これに食塩を 75g 加えて放置しておいたら，水が蒸発して濃度が 20%になっていた。蒸発した水の質量はいくらか。

① 65g
② 75g
③ 100g
④ 120g
⑤ 150g

No.4

（解答 ▶ P.44）

濃度のわからない食塩水が 500g ある。これに濃度 10％の食塩水を 200g 加えたところ，25％の食塩水になった。10％の食塩水を加える前の食塩水の濃度はいくらか。

① 25％

② 27％

③ 29％

④ 31％

⑤ 33％

No.5

（解答 ▶ P.44）

10％の食塩水を作りたい。今，濃度 6％の食塩水が 200g ある。ここに 20％の食塩水を何 g 加えれば 10％の食塩水を作ることができるか。

① 60g

② 70g

③ 80g

④ 90g

⑤ 100g

No.6

（解答 ▶ P.44）

濃度 10％の食塩水と濃度 5％の食塩水を同じ量混ぜ合わせ，水を加えたところ，6％の食塩水が 500g できた。このとき加えた水の量として正しいのはどれか。

① 50g

② 100g

③ 150g

④ 180g

⑤ 200g

（解答 ▶ P.45）

No.7

濃度がそれぞれ 7% と 12% の食塩水がある。この 2 種類の食塩水を混ぜ合わせて 10% の食塩水を 500g 作るとき，7% の食塩水は何 g 必要か。

① 　50g

② 　100g

③ 　150g

④ 　200g

⑤ 　250g

No.8

（解答 ▶ P.45）

A の容器には 12% の食塩水が 300g 入っている。B の容器には 3% の食塩水が 200g 入っている。A の容器から何 g かを B の容器に移してよくかき混ぜた後，同量の食塩水を B から A にもどしたところ，A の濃度は 10% になった。初めに A から B へ移した食塩水の量はいくらか。

① 　80g

② 　100g

③ 　120g

④ 　140g

⑤ 　160g

⑥ 速さの基本

No.1　　　　　　　　　　　　　　　　　　　　　　　　　　　　　　　（解答 ▶ P.45）

A 町から B 町へ行くのに，毎時 12 km の速さで自転車に乗って行くと，毎時 4 km の速さで歩いて行くより 1 時間 40 分早く着く。A 町から B 町までの距離を求めよ。

①　8 km

②　10 km

③　12 km

④　14 km

⑤　16 km

No.2　　　　　　　　　　　　　　　　　　　　　　　　　　　　　　　（解答 ▶ P.45）

A と B で登山をした。上りは時速 2 km であった。帰りは同じ登山道を時速 6 km で下った。往復に要した時間を 6 時間とすると山頂までの距離は何 km か。

①　8 km

②　9 km

③　12 km

④　16 km

⑤　18 km

No.3　　　　　　　　　　　　　　　　　　　　　　　　　　　　　　　（解答 ▶ P.45）

午前 9 時に学校を出発して時速 60 km のバスで遊園地に向かった。遊園地で 3 時間過ごした後，同じ道を時速 45 km で学校に向かったところ，午後 4 時 40 分に到着した。バスは一定の速さで走るものとして，学校から遊園地までの距離は何 km であるか。

①　80 km

②　100 km

③　120 km

④　150 km

⑤　180 km

ある電車に乗るために，ある時間に家を出て駅まで自転車で行くとき，時速 20 km で行くと電車の発車の 18 分前に着くが，時速 15 km で行くと電車の発車の 10 分後に着くという。このとき家から駅までの距離として正しいのはどれか。

① 20 km

② 22 km

③ 24 km

④ 26 km

⑤ 28 km

A 市から B 市に車で行くのに往路は時速 120 km で行き，復路は時速 80 km で帰った。平均時速は何 km か。

① 100 km/ 時

② 98 km/ 時

③ 96 km/ 時

④ 94 km/ 時

⑤ 92 km/ 時

山のふもとの A 点から，頂上 B 点を経由して反対側のふもと C 点までを往復した。上りの速度は毎時 2 km，下りは毎時 4 km の速さで向かった。AB 間の距離が BC 間の 2 倍であるとき，平均の速さとしてもっとも近いものはどれか。

① 約 2 km/ 時

② 約 2.5 km/ 時

③ 約 3 km/ 時

④ 約 3.5 km/ 時

⑤ 約 4 km/ 時

No.7

(解答 ▶ P.46)

A氏が高速道路を使ったところ，全体の半分の距離は時速90kmで走れたが，そこから，残りの距離の $\frac{1}{3}$ は渋滞していて時速40kmで走った。あとの距離を時速80kmで走ったとすると，A氏の平均時速は何kmか。

① 65km/時
② 68km/時
③ 70km/時
④ 72km/時
⑤ 75km/時

No.8

(解答 ▶ P.46)

A地点からB地点まで車を運転するつもりだったが，渋滞により渋滞区間は予定速度の $\frac{1}{8}$ の速度で運転することになった。このためB地点に到着するのに予定時間の4倍の時間がかかった。A地点からB地点まで運転した距離のうち，渋滞区間の占める割合はいくらか。ただし，渋滞区間以外の区間は全て予定していた速度で運転したものとする。

① $\frac{1}{7}$
② $\frac{1}{14}$
③ $\frac{2}{7}$
④ $\frac{3}{14}$
⑤ $\frac{3}{7}$

No.9

(解答 ▶ P.46)

20kmの距離の所に公園がある。予定時刻に到着するため自転車で時速16kmで走った。ところが30分走った所でチェーンがはずれ，修理しなければならなかった。修理時間は15分かかった。予定時刻に着くためには，残りの距離を時速何kmで走らなければならないか。

① 20km/時
② 22km/時
③ 24km/時
④ 26km/時
⑤ 28km/時

No.10 （解答 ▶ P.46)

友人の家まで，自転車で一定の速度で向かった。半分の距離まで達したときに，自転車がパンクしてしまったので，修理のために所要時間の $\frac{1}{12}$ だけその場にとどまった。

予定の到着時刻に間に合うためには，最初の速度の何倍の速さで向かえばよいか。最も近い数値を選んで答えなさい。

① $\frac{8}{7}$ 倍

② $\frac{7}{6}$ 倍

③ $\frac{6}{5}$ 倍

④ $\frac{5}{4}$ 倍

⑤ $\frac{4}{3}$ 倍

No.11 （解答 ▶ P.47)

A 君は 14 時に，自宅から自転車で本屋に向かった。全体の道のりの $\frac{2}{5}$ 進んだところで友人の B 君とあったので，徒歩で途中まで一緒に歩いた。残りの $\frac{3}{4}$ 進んだところで，友人の B 君と別れたので，再び自転車で本屋に向かったところ，14 時 35 分に本屋に到着した。徒歩が毎時 3.6 km，自転車が毎時 14.4 km であるとき，家から本屋までの距離として最も近いものはどれか。

① 3.4 km

② 3.6 km

③ 3.8 km

④ 4.1 km

⑤ 4.3 km

⑦　速さと比

No.1　（解答 ▶ P.47）

A市からC市まで車で向かった。途中，B市までは毎時40km，B市からC市までは毎時80km の速さで進んだ。

出発して3時間30分後にC市に到着したとすると，A市からC市までの距離はどれだけか。ただし，AB間とBC間の距離の比を2：3とする。

① 100km

② 150km

③ 190km

④ 200km

⑤ 240km

No.2　（解答 ▶ P.47）

A君とB君がP町を同時に出発し，30km離れたQ町に歩いていき，Q町へ着くとすぐにP町へ 引き返した。A君の速さとB君の速さの比が13：7であるとすると，2人が出会うのはQ町から 何kmのところか。

① 6km

② 7km

③ 8km

④ 9km

⑤ 10km

No.3　（解答 ▶ P.47）

甲から乙まで自転車で行くと，時速 a km で2時間半かかり，時速 b km では2時間かかる。いま， 甲から途中まで時速 a km で行き，そこから乙まで時速 b km で行くと2時間12分かかった。時 速 a km で走った距離と時速 b km で走った距離の比はいくらになるか。

① 1：2

② 2：3

③ 2：3.5

④ 3：4

⑤ 3：5

（解答 ▶ P.48）

A市，B市，C市，D市を通る国道がある。いま，A市からD市に向かってバス1が，D市からA市に向かってバス2が同時に出発した。2台のバスはそれぞれ一定の速さで進み，B市からC市に向かって$\frac{3}{4}$進んだ地点ですれ違った。バス1とバス2の速さの比が3：2で，BC間とCD間の距離が等しいとき，AB間の距離はBC間の距離の何倍であるか。

①　$\frac{21}{8}$倍

②　$\frac{15}{8}$倍

③　$\frac{3}{2}$倍

④　$\frac{9}{8}$倍

⑤　1倍

⑧ 旅人算

No.1

（解答 ▶ P.48）

学校にいる弟が忘れ物をしたので，姉が家から 2.24 km 離れた学校に自転車で，同時に弟は徒歩で自宅に向かった。

自転車の速度が毎分 360 m，歩く速さが毎分 60 m のとき，2 人が出会うのは何分後か。

① 5 分 10 秒後

② 5 分 20 秒後

③ 5 分 30 秒後

④ 5 分 40 秒後

⑤ 5 分 50 秒後

No.2

（解答 ▶ P.48）

A は毎分 80 m の速さで P 町から Q 町へ向かって，B は毎分 60 m の速さで Q 町から P 町へ向かって，同時に出発した。A，B 2 人が出会ったとき，A は B より 600 m 多く歩いていた。PQ 間の距離を求めよ。

① 3,600 m

② 3,800 m

③ 4,000 m

④ 4,200 m

⑤ 4,400 m

No.3

（解答 ▶ P.48）

弟が家を出てから 5 分後に，兄が弟の忘れ物を届けるために家を出て自転車で追いかけた。すると兄が家を出てから 4 分後に弟に追いついた。兄の自転車の速さが毎分 450 m であるとき，弟の速さは毎分何 m か。

① 毎分 120 m

② 毎分 140 m

③ 毎分 160 m

④ 毎分 180 m

⑤ 毎分 200 m

家から 1.5 km 離れた駅で電車に乗るために，弟は発車 5 分前に着くように毎分 75 m の速さで歩いて行った。ところが弟が出発後 18 分たってから忘れ物をして行ったことに気付いて，兄が分速 200 m の自転車で追いかけた。駅から何 m の所で追いつくか。

① 駅

② 駅から 150 m の地点

③ 駅から 200 m の地点

④ 駅から 225 m の地点

⑤ 追いつかない

1 周 1 km で，250 m ごとにポイントが置かれているマラソンコースがある。A 地点から M 君が 300 m/ 分の速さで，B 地点から S 君が 250 m/ 分の速さで同時に走り出した。M 君が S 君に追いつくのは，どの地点のときか。

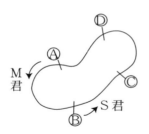

① C 地点

② C 地点と D 地点の間

③ D 地点

④ D 地点と A 地点の間

⑤ A 地点

1 周 10 km の湖を周る遊路がある。A，B 2 台のバイクで反対方向に走ると 6 分ごとに出会い，同じ方向に走れば A は 30 分ごとに B を追い越すという。このときの A の速度を求めよ。

① 40 km/ 時

② 50 km/ 時

③ 55 km/ 時

④ 60 km/ 時

⑤ 70 km/ 時

No.7

(解答 ▶ P.49)

A駅を7時ちょうどに発車した普通列車がB駅に着いてから2分後，A駅を7時03分に発車した特急列車がB駅を通過した。普通列車の速度が時速90km，A駅B駅間の距離が24kmのとき，特急列車の速度はいくらか。ただし，電車は発車してから到着するまで一定の速度で走っているものとする。

① 94km/時

② 96km/時

③ 98km/時

④ 100km/時

⑤ 110km/時

No.8

(解答 ▶ P.49)

AとBが50mプールを一定の速さで泳いでいる。AがターンしてBとすれ違ったのが，スタートしてから30秒後であったとき，次にすれ違うのはスタートしてから何秒後になるか。

① 45秒後

② 50秒後

③ 58秒後

④ 60秒後

⑤ 65秒後

No.9

(解答 ▶ P.50)

Aは毎時4.8kmの速さで北へ，同時に同じ地点から，Bは毎時3.6kmで西へ出発した。2人の直線距離が700mになるのは，出発してから何分後か。

① 3分後

② 4分後

③ 5分後

④ 6分後

⑤ 7分後

No.10 （解答 ▶ P.50)

姉妹が 10 km 離れた所から同時に互いの方向に向かって歩き始めた。姉は時速 5 km の速さ，妹は時速 4 km の速さで歩く。姉が途中で友達に会い，立ち止まって話し込んだために，姉妹が出会うのに 1 時間 15 分かかった。姉は何分間話し込んでいたのか。

① 5 分
② 8 分
③ 10 分
④ 13 分
⑤ 15 分

No.11 （解答 ▶ P.50)

A と B は，岬の入り口にある案内板の前から，岬の先端にある灯台まで休まずに往復することにし，同時に案内板の前を出発した。A が灯台を折り返した後，300 m 歩いたところで B とすれ違ったが，それは出発してから 30 分後であった。また，A が案内板の前へ戻ったのは，出発してから 48 分後であった。B が戻ってくるのは，A が戻ってから何分後か。

ただし，案内板から灯台までは 1 本道であり，A，B ともそれぞれ一定の速さで歩くものとする。

① 21 分後
② 24 分後
③ 27 分後
④ 32 分後
⑤ 35 分後

⑨ 時計算

No.1 （解答 ▶ P.50）

現在日時は 9 月 29 日午前 9 時 30 分である。5,000 分後は何月何日何時何分か。

① 10 月 1 日午後 8 時 50 分

② 10 月 1 日午後 9 時 50 分

③ 10 月 2 日午後 7 時 50 分

④ 10 月 2 日午後 8 時 50 分

⑤ 10 月 2 日午後 10 時 50 分

No.2 （解答 ▶ P.50）

時計の長針と短針が，一度重なってから再び重なるまでに要する時間を求めよ。ただし，秒未満は切り捨てることにする。

① 1 時間 5 分 10 秒

② 1 時間 5 分 23 秒

③ 1 時間 5 分 27 秒

④ 1 時間 5 分 33 秒

⑤ 1 時間 5 分 35 秒

No.3 （解答 ▶ P.51）

8 時から 9 時の間で長針と短針が 90° の角をなす時刻は何時何分何秒か。

① 8 時 20 分 $16\dfrac{4}{11}$ 秒

② 8 時 25 分 $16\dfrac{4}{11}$ 秒

③ 8 時 27 分 $16\dfrac{4}{11}$ 秒

④ 8 時 29 分 $16\dfrac{4}{11}$ 秒

⑤ 8 時 30 分 $16\dfrac{4}{11}$ 秒

時計を見ると午前10時台で，長針と短針のなす角度が90°であった。その日の午後再び見ると，午前に見たときの長針の位置に短針があった。午後の時刻はどれか。

① 13時 $\dfrac{43}{12}$ 分

② 13時 $\dfrac{48}{17}$ 分

③ 13時 $\dfrac{54}{13}$ 分

④ 13時 $\dfrac{67}{15}$ 分

⑤ 13時 $\dfrac{60}{11}$ 分

⑩　通過算

No.1　(解答 ▶ P.51)

15両連結の長さ200mの貨物列車が走っている。Aトンネルを通過するのに先頭が入り始めてから，最後尾が出てしまうまで50秒を要した。次に8両連結の長さ100mの客車が同様に通り抜けるのに20秒を要した。列車の速さは客車が貨物列車の2倍であるという。

このトンネルの長さは何mか。

① 200m

② 300m

③ 400m

④ 500m

⑤ 600m

No.2　(解答 ▶ P.51)

電車が時速72kmで走っている。トンネルに入り始めてからトンネルから完全に出てしまうまでに15秒かかった。また，同じ速さで対向してきた全く同じ長さの電車と，すれ違い始めてから完全にすれ違ってしまうまでに2秒かかった。トンネルと電車の長さを求めよ。

	トンネル	電車
①	300 m	20 m
②	260 m	40 m
③	280 m	20 m
④	300 m	40 m
⑤	280 m	40 m

No.3　(解答 ▶ P.52)

全長120mの下り列車Aが毎時70kmの速さで走っている。前方から全長100mの上り列車Bが毎時90kmの速さで向かってきたとき，出会ってからすれ違い終わるまでにどれだけの時間がかかるか。

① 1.37秒

② 2.25秒

③ 3.47秒

④ 4.95秒

⑤ 6.12秒

長さ 1,500 m の鉄橋がある。全長 120 m の列車 A と全長 160 m の列車 B は，この鉄橋を通過するのにどちらも 50 秒かかった。いま，この鉄橋の両端に，列車 A と列車 B が同時に入ってからすれ違い終わるまでに，どれだけ時間がかかるか。最も近いものを選べ。

  ① 27 秒

  ② 30 秒

  ③ 32 秒

  ④ 34 秒

  ⑤ 37 秒

⑪ 流水算

No.1

(解答 ▶ P.52)

静水時の速さが一定である船が，流れの速さが一定である川を往復するのに，上りは下りの2倍の時間がかかる。もし，川の流れが2倍になれば上りと下りにかかる時間の比はいくらになるか。

上り　　下り
① 　3　　:　 1
② 　4　　:　 1
③ 　5　　:　 1
④ 　6　　:　 1
⑤ 　7　　:　 1

No.2

(解答 ▶ P.52)

流れが毎分20mの川がある。この川の上流のA地点と下流のB地点との間を船が往復したとき，B地点からA地点まで上るのにかかる時間は，A地点からB地点まで下るのにかかる時間の2倍であった。この船の流れのない水面上での速さは毎分何mか。

① 　毎分40m
② 　毎分50m
③ 　毎分60m
④ 　毎分70m
⑤ 　毎分80m

No.3

(解答 ▶ P.52)

河口にあるA市から上流にあるB市まで船が往復している。船は二隻あり一隻は時速10kmで，もう一隻は時速12kmである。
時速10kmの船では往復するのに10時間を要し，時速12kmの船では8時間を要する。川の流れが一定だとするとA，B市間の距離は何kmあるか。

① 　40km
② 　42km
③ 　44km
④ 　46km
⑤ 　48km

⑫ 仕事算

No.1 （解答 ▶ P.53）

ある仕事を A は 10 分, B は 15 分, C は 30 分で完了する。この仕事を 3 人ですれば何分で出来るか。

① 4 分

② 5 分

③ 6 分

④ 8 分

⑤ 10 分

No.2 （解答 ▶ P.53）

ある部品を 1 ケース分作るのに, 装置 A では 1 台で 30 日, 装置 B では 2 台で 30 日かかる。この部品 1 ケースを作るのに, 装置 A と装置 B 1 台ずつでは, 何日かかるか。

① 18 日

② 19 日

③ 20 日

④ 21 日

⑤ 22 日

No.3 （解答 ▶ P.53）

ある仕事をするのに A は 9 日かかり, B は 10 日, C は 15 日かかる。

今, A が 6 日仕事をし, 残りを B と C で仕上げるとすると, 合計何日間で仕事が終わることになるか。

① 11 日

② 10 日

③ 9 日

④ 8 日

⑤ 7 日

No.4

（解答 ▶ P.53）

A1人では30日，B1人では20日，A，B，Cの3人では6日で終わる仕事を，C1人ですると何日で終わるか。

① 12日
② 14日
③ 16日
④ 18日
⑤ 20日

No.5

（解答 ▶ P.53）

A，B2人ですると15日かかる仕事をA1人ですると，B1人でする日数の $\frac{2}{3}$ ででき上がる。A1人では何日かかるか。

① 22日
② 23日
③ 24日
④ 25日
⑤ 26日

No.6

（解答 ▶ P.53）

ある仕事をAが1人でやると20日を要する。初めにAが4日間仕事し，残りをBがやると8日かかり，合計で12日かかる。Bが1人でやるとすると何日を要するか。

① 10日
② 11日
③ 12日
④ 13日
⑤ 14日

ある仕事をするのに，普通の人3人だと4時間かかる。この3人が仕事を始めて2時間後に，仕事の速い人が加わったので，加わってから1時間後に仕事が終わった。この仕事の速い人は，普通の人の何倍の速さで仕事をするのか。

① 1.5倍
② 2倍
③ 2.5倍
④ 3倍
⑤ 3.5倍

ある仕事をAが1人ですると40日かかり，AとBの2人ですると30日でできる。この仕事の3割を始めにAが1人で行い，その後残りの仕事をBが1人で行うとすると合わせて何日目で終了するか。

① 95日目
② 96日目
③ 97日目
④ 98日目
⑤ 99日目

ある仕事をA1人で行うと12日かかり，B1人で行うと9日かかる。

この仕事をAとBが一日交代制で行うとき，Aから始めると仕事は何日目に終わり，AとBのどちらが最後になるか。

① Aが最後で5日目に終わる。
② Bが最後で6日目に終わる。
③ Aが最後で9日目に終わる。
④ Bが最後で10日目に終わる。
⑤ Aが最後で11日目に終わる。

データ入力の仕事 A，B がある。入力するデータの量（仕事量）の比は，A：B ＝ 3：4 である。加藤君は仕事 A を 2 時間 30 分で，安田さんは仕事 B を 2 時間 50 分で終わらせるとき，加藤君が仕事 B を，安田さんが仕事 A を終わらせるのにかかる時間として，一番近いものの組合せはどれか。

	加藤君	安田さん
①	2 時間 55 分	1 時間 37 分
②	3 時間 06 分	1 時間 37 分
③	3 時間 06 分	2 時間 08 分
④	3 時間 20 分	1 時間 37 分
⑤	3 時間 20 分	2 時間 08 分

⑬ 数の性質（約数・倍数・n 進法）

（解答 ▶ P.55）

No.1

100 から 200 までの整数で，3 でも 4 でも割り切れる数はいくつあるか。

  ① 8   ② 10   ③ 14

  ④ 16   ⑤ 18

（解答 ▶ P.55）

No.2

5 で割ると 3 余り，7 で割ると 4 余る整数は，100 ～ 200 の間に何個あるか。

  ① 1 個   ② 2 個   ③ 3 個

  ④ 4 個   ⑤ 5 個

（解答 ▶ P.55）

No.3

6 で割ると 5 余り，8 で割ると 7 余るような 250 以下の自然数はいくつあるか。

  ① 8   ② 10   ③ 12

  ④ 15   ⑤ 20

（解答 ▶ P.55）

No.4

次の整数の中で 4 で割っても，5 で割っても 1 余り，3 で割ると割り切れる数を選べ。

  ① 41   ② 51   ③ 81

  ④ 91   ⑤ 101

No.5

（解答 ▸ P.55）

4ケタの整数のうち，4，15，26のどれで割っても割り切れる数について，最小値と最大値の差はいくつか。

① 5460   ② 6240   ③ 7020

④ 7800   ⑤ 8580

No.6

（解答 ▸ P.55）

ある整数がある。この整数で47，54，75を割ると，どの数も余りが5となる。割った数はいくつか。

① 6   ② 7   ③ 8

④ 9   ⑤ 10

No.7

（解答 ▸ P.56）

540の約数の総和はいくつか。

① 1100   ② 1425   ③ 1680

④ 1805   ⑤ 2160

No.8

（解答 ▸ P.56）

180，360，378，630の4つの整数のうち，任意の2つを選んでそれらの公約数を求めたとき，その個数が最も多いのはどの組合せか。

① 180と630

② 378と630

③ 180と378

④ 180と360

⑤ 360と378

No.9　　　　　　　　　　　　　　　　　　　　　　　　　　（解答 ▸ P.56）

$\frac{3}{4}$ をかけても，$\frac{7}{5}$ で割っても整数になる自然数のうち，最も小さな数を求めなさい。

① 4

② 7

③ 14

④ 20

⑤ 28

No.10　　　　　　　　　　　　　　　　　　　　　　　　　（解答 ▸ P.56）

2 つの正の整数をかけると 2646 になり，この 2 つの数の最小公倍数は 126 であるという。この 2 つの数の最大公約数はいくつか。

① 14

② 18

③ 21

④ 23

⑤ 26

No.11　　　　　　　　　　　　　　　　　　　　　　　　　（解答 ▸ P.56）

ある数 A で 47，63，79 のどれを割っても 7 余る。またある数 B は 12，18，30 のどれで割っても 8 余る数のうち，最も小さい数である。A と B の差はいくらか。

① 190

② 180

③ 170

④ 150

⑤ 140

No.12

（解答▶P.56）

2ケタの異なる整数 **A**・**B** がある。**A**・**B** の最大公約数は2ケタの整数であり **A**・**B** とは異なる。**A**・**B** の和が85であるとき，**A**・**B** の積はいくつか。

① 1986

② 1734

③ 1600

④ 1156

⑤ 900

No.13

（解答▶P.56）

縦 20 cm，横 24 cm のタイルを並べて正方形を作りたい。タイルの数が最も少なくなるよう並べたとき，何枚のタイルが必要か。

① 15 枚

② 20 枚

③ 30 枚

④ 120 枚

⑤ 150 枚

No.14

（解答▶P.57）

大勢の小学生がいる。正確な人数はわからないが 200 人以下であることはわかっている。

5 人ずつのグループをつくると 4 人余り，6 人ずつのグループでも 4 人余った。7 人ずつのグループにすると誰一人余ることなく分けることができた。この小学生は全員で何人か。

① 140 人

② 147 人

③ 154 人

④ 161 人

⑤ 168 人

あるクラスで，鉛筆148本，ノート100冊をみんなに均等に分けたところ，鉛筆が20本，ノートが4冊余った。このクラスの生徒数は何人か。

① 16人
② 20人
③ 24人
④ 28人
⑤ 32人

あるバス停では，バスが4分間隔のA行き，6分間隔のB行き，9分間隔のC行きが出発している。午前7時ちょうどに，A，B，C行きのバスが3台同時に出発した。午前7時の出発を1回目と数えると，午前11時までに，A，B，C行きのバスが3台同時に出発することは何回あるか。

① 3回
② 4回
③ 5回
④ 6回
⑤ 7回

正三角形のタイルが何枚かある。それを図のように大きな正三角形になるように次々と並べていったとき，5枚余った。タイルの枚数としてあり得るのはどれか。

① 150枚
② 160枚
③ 174枚
④ 188枚
⑤ 200枚

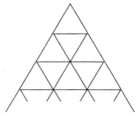

No.18

（解答 ▸ P.57）

$\dfrac{A}{B \times B \times B} = \dfrac{1}{60}$ を満たす自然数 A の最小値を求めよ。

- ① 120
- ② 240
- ③ 360
- ④ 420
- ⑤ 450

No.19

（解答 ▸ P.57）

2 進法で「110011」と表される数は 10 進法ではいくつか。

- ① 51
- ② 56
- ③ 60
- ④ 62
- ⑤ 64

No.20

（解答 ▸ P.58）

3 進法で表した 2102 を 10 進法の 5 で割った。そのときの商を 2 進法で表したものはどれか。

- ① 1101
- ② 1110
- ③ 1111
- ④ 10000
- ⑤ 10101

No.21

（解答 ▸ P.58）

10 進法の数 x を 6 進法で表すと 42 になり，n 進法で表すと 122 になる。n の値はいくつか。

- ① 2
- ② 3
- ③ 4
- ④ 5
- ⑤ 6

⑭ 覆面算

No.1 （解答 ▶ P.58）

次の式の A，B，C は 1 ～ 9 までの異なる整数である。このとき，A －（B ＋ C）の数として正しいものはどれか。

$$A + B + C = 10$$
$$A + A \times B + A \times C = 24$$

① － 9
② － 6
③ － 4
④ － 2
⑤ － 1

No.2 （解答 ▶ P.58）

次の演算式がある。A，B の和はいくらか。

ただし A，B は 6 から 9 までの整数のいずれかである。

$$\frac{A}{3} \times 4 - B = 1$$

① 11
② 12
③ 13
④ 14
⑤ 15

No.3 （解答 ▶ P.59）

図のような足し算がある。A ～ D は 3 を除く 1 ～ 9 までの異なる数である。

A ＋ B ＋ C ＋ D ＝ 16 のとき，D の値として正しいものはどれか。

① 9
② 8
③ 7
④ 6
⑤ 5

```
      B   3   A
          3   D
  +       C   3
  ─────────────
      3   A   3
```

No.4

（解答 ▶ P.59）

次のア，イ，ウの計算式が成立するように，A，B，C に適当な数を1つずつ入れたときの A＋B ＋C の値を求めよ。ただし，A，B，C には1～9の整数が入るものとする。

ア　A＋A＋A＝B

イ　3C÷A＝B

ウ　B－C＝A

①　12

②　15

③　18

④　21

⑤　24

No.5

（解答 ▶ P.59）

下のような計算式がある。

34 × ⓐ ⓑ ＝ ⓒ 34 ⓓ

a＋b＋c＋d はいくらか。

①　21

②　23

③　25

④　27

⑤　29

No.6

（解答 ▶ P.59）

A，B，C，D が欠落しているかけ算がある。A，B，C，D の和はいくらか。

	Ⓐ	3	Ⓑ
×		2	4
	9	Ⓒ	6
4	7	Ⓓ	
5	7	3	6

①　20

②　22

③　24

④　26

⑤　28

右のようなかけ算の計算式がある。

空欄に適する数字を入れ，式が成立するとき，

X に入る数字はいくつか。

① 0
② 1
③ 2
④ 3
⑤ 4

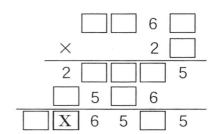

次の計算式が成立するように，□に 1 〜 9 までの適当な数字を入れるとき，A，B に入る数字の和を求めよ。

① 11
② 12
③ 13
④ 14
⑤ 15

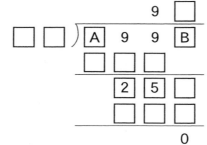

次のような割り算において，0 〜 9 のいずれかの数字が□に入るとしたとき，すべての□の数の和はいくらになるか。ただし，□には同じ数字が入ってもよい。

① 39
② 53
③ 54
④ 56
⑤ 62

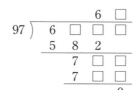

No.10

（解答 ▶ P.61）

A，B，C は 0 ～ 9 までの異なる整数であり，A ＞ B ＞ C の関係がある。

A ＋ B － C ＝ 13，A × B － A × C ＝ 36 のとき，A － B ＋ C の値を求めなさい。

① 1

② 3

③ 5

④ 7

⑤ 9

No.11

（解答 ▶ P.61）

次の式の A，B，C は 1 ～ 9 までのいずれかの数である。このとき，A の値として正しいものはどれか。

A × B － A × C ＝ 28

A － B ＋ C ＝ 3

① 9

② 8

③ 7

④ 6

⑤ 5

No.12

（解答 ▶ P.61）

A，B，C，D，E は 1 ～ 9 までのうちの連続した正の整数である。ただし，A ＜ B ＜ C ＜ D ＜ E である。CBE － DA ＝ BEA であるとき，CBE ＋ DA の答えの 100 の位の数はどれか。

① A

② B

③ C

④ D

⑤ E

第2章 図　形

お互いに平行でない8本の直線がある。交点の数は全部でいくつあるか。ただし，交点は2線の交点しかないものとする。

① 18
② 22
③ 25
④ 28
⑤ 33

次の図の∠x は何度か。（ただし $\ell /\!/ m$）

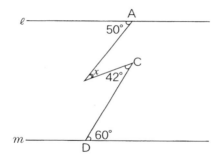

① 24°
② 30°
③ 32°
④ 35°
⑤ 38°

下の図において，$a + b$ の角度は何度か。ただし $\ell /\!/ m$ とする。

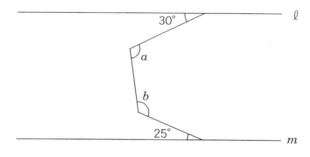

① 220°
② 225°
③ 230°
④ 235°
⑤ 240°

No.4

（解答 ▶ P.62）

下の図において，∠ABD ＝∠DBE，∠ACD ＝∠DCE，∠A ＝ 60°，∠E ＝ 120°のとき，∠D の大きさを求めなさい。

① 80°

② 85°

③ 90°

④ 95°

⑤ 100°

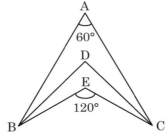

No.5

（解答 ▶ P.62）

図のように，長方形 ABCD を点 C が辺 AB 上の C' にくるように折り曲げた。
∠AC'F ＝ 80°のとき，x，y の角度として正しい組合せはどれか。

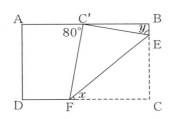

① x ＝ 30°　　y ＝ 60°

② x ＝ 35°　　y ＝ 65°

③ x ＝ 35°　　y ＝ 70°

④ x ＝ 40°　　y ＝ 80°

⑤ x ＝ 50°　　y ＝ 80°

No.6

（解答 ▶ P.62）

大小 2 つの正三角形を図のように重ねると，辺の比が 3：2：5 となった。小さい正三角形の重なっていない部分の面積を S_1，2 つの正三角形の重なった部分の面積を S_2，大きい正三角形の重なっていない部分の面積を S_3 とするとき，$S_1：S_2：S_3$ を求めよ。

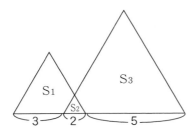

	S_1		S_2		S_3
①	2	:	1	:	4
②	9	:	4	:	25
③	20	:	3	:	40
④	21	:	4	:	45
⑤	24	:	3	:	46

No.7 （解答 ▶ P.63）

下の図形において，**AB // EF // DC，AB = 3，DC = 5** のとき，**EF** の長さを求めなさい。

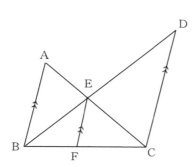

① $\dfrac{3}{5}$

② 1

③ $\dfrac{3}{2}$

④ $\dfrac{15}{8}$

⑤ 2

No.8 （解答 ▶ P.63）

台形 **ABCD** がある。上底 **AD** は 5 cm，底辺 **BC** は 8 cm であるとき，対角線 **AC** の中点 **P** と対角線 **BD** の中点 **Q** を結ぶ直線 **PQ** の長さは何 cm か。

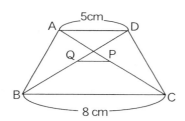

① 1 cm　　② 1.5 cm　　③ 2 cm

④ 2.5 cm　　⑤ 3 cm

No.9 （解答 ▶ P.63）

次の組合せの長さで図形を作るとき，三角形ができないものはどれか。

① 2 cm，2 cm，2 cm

② 3 cm，4 cm，6 cm

③ 3 cm，4 cm，7 cm

④ 4 cm，4 cm，6 cm

⑤ 5 cm，7 cm，11 cm

No.10

（解答▶P.63）

図の正方形 ABCD の辺 BC 上に点 P，CD 上に点 Q をとり△APQ を正三角形にしたい。**AB = a cm** とすると **BP** は何 **cm** か。

① 　$2(\sqrt{2} - 1)\,a$ cm

② 　$2(\sqrt{3} - 1)\,a$ cm

③ 　$3(\sqrt{2} - 1)\,a$ cm

④ 　$2(2 - \sqrt{3})\,a$ cm

⑤ 　$(2 - \sqrt{3})\,a$ cm

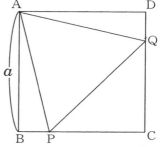

No.11

（解答▶P.63）

図のような直角三角形がある。**AB** の長さはいくらか。

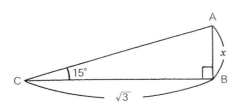

① 　$\sqrt{3} - 1$

② 　$2\sqrt{3} - 2$

③ 　$2\sqrt{3} - 3$

④ 　$2 - \sqrt{3}$

⑤ 　$2\sqrt{3} - 1$

No.12

（解答▶P.63）

塔の高さを測るのに，ある地点に立って塔の頂きの仰角を測ったら 45° あった。そこで塔に真っすぐに 20 m 近づいて再び測ったら 60° あった。

塔の高さはおよそ何 m か。

① 　45 m

② 　47 m

③ 　50 m

④ 　55 m

⑤ 　57 m

No.13 （解答 ▶ P.64）

三角形 ABC において，O は内心である。今，∠BOC = 130°のとき，頂角 A は何度か。

① 60°
② 65°
③ 70°
④ 75°
⑤ 80°

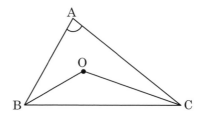

No.14 （解答 ▶ P.64）

△ABC において，∠B の二等分線と∠C の二等分線の交点を D とすると，

$\angle BDC - \dfrac{1}{2} \angle BAC$ の値はいくつになるか。

① 30°
② 45°
③ 60°
④ 75°
⑤ 90°

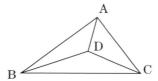

No.15 （解答 ▶ P.64）

1 辺の長さが 6cm の正方形 ABCD がある。

辺 CD，および AD 上にそれぞれ CE = 2cm，DF = 2cm となる点 E，F をとる。E と F が重なるよう折って折目 PQ をつくるとき，線分 DQ の長さは何 cm か。

① 1.5cm
② 1.8cm
③ 2.0cm
④ 2.5cm
⑤ 2.8cm

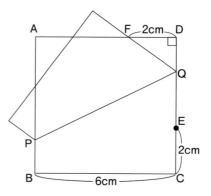

No.16

（解答 ▶ P.64）

AB ＝ 3cm，∠ ACD ＝ 30°，∠ CAD ＝ 90°の平行四辺形 ABCD の面積を求めなさい。

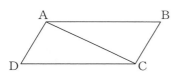

① $\dfrac{9\sqrt{3}}{2}$ cm²

② $\dfrac{9\sqrt{3}}{4}$ cm²

③ $\dfrac{9\sqrt{3}}{8}$ cm²

④ $\dfrac{9\sqrt{2}}{2}$ cm²

⑤ $\dfrac{9\sqrt{2}}{4}$ cm²

No.17

（解答 ▶ P.64）

図のように，直径 10 cm の円管をピラミッド状にすき間なく積み上げていった。最下段に 10 本を並べ，一段上がるごとに 1 本減らしていく方式で 55 本の円管を積み上げたとき，地面から最上段の円管の上端までの高さはいくらか。

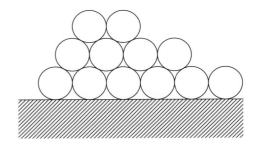

① （5 ＋ 45$\sqrt{2}$）cm

② （10 ＋ 45$\sqrt{3}$）cm

③ （15 ＋ 30$\sqrt{2}$）cm

④ （20 ＋ 30$\sqrt{3}$）cm

⑤ （25 ＋ 30$\sqrt{3}$）cm

No.18

（解答 ▸ P.65）

図のアとイの面積を求めよ。ただし，図中の曲線は，半径 10 の円の弧とし，円周率＝π とする。

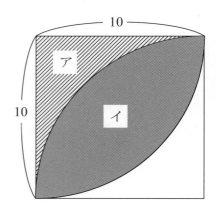

	ア	イ
①	$100 - 15\pi$	$25\pi - 50$
②	$100 - 25\pi$	$50\pi - 100$
③	$100 - 25\pi$	$75\pi - 100$
④	$100 - 25\pi$	$25\pi - 50$
⑤	$100 - 20\pi$	$50\pi - 50$

No.19

（解答 ▸ P.65）

下図のような直角を挟む 2 辺が 4cm の直角三角形がある。

今，A を中心とし，AB（4cm）を半径として円を描き，AC との交点を E とする。また，同様に C を中心とし，BC（4cm）を半径として円を描き AC との交点を D とするとき，2 つの弧と直線 DE に囲まれた BED の面積はいくらか。ただし円周率 $\pi = 3.14$ とする。

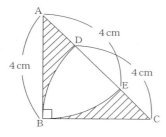

① $3.32 \,\text{cm}^2$

② $3.64 \,\text{cm}^2$

③ $4.47 \,\text{cm}^2$

④ $4.56 \,\text{cm}^2$

⑤ $6.08 \,\text{cm}^2$

No.20

（解答 ▶ P.65）

点 O から円に 2 本の接線を引いた。∠ AOB ＝ 60°，OA ＝ 3 のとき斜線部の面積として適切なものはどれか。

① $3\sqrt{3}$

② $\sqrt{3} + 3\pi$

③ $\sqrt{3} + 2\pi$

④ $3\sqrt{3} + 2\pi$

⑤ $2\sqrt{3} + 3\pi$

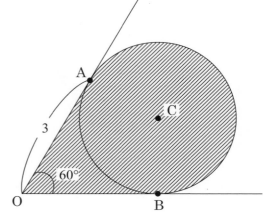

No.21

（解答 ▶ P.65）

図のように，一辺が 10 cm の正方形の周りを，半径 2 cm の円が正方形の辺に沿って一周する。このとき，円の通る部分の面積はいくらか。ただし，円周率を π とする。

① $160 + 4\pi \ \mathrm{cm}^2$

② $160 + 16\pi \ \mathrm{cm}^2$

③ $320 + 4\pi \ \mathrm{cm}^2$

④ $80 + 4\pi \ \mathrm{cm}^2$

⑤ $80 + 16\pi \ \mathrm{cm}^2$

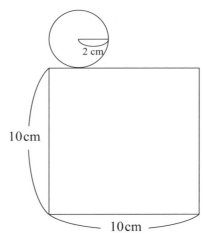

No.22 （解答 ▸ P.65）

半径 2cm の円に正六角形が内接している。斜線部の面積を求めよ。

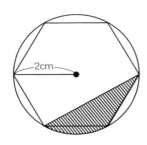

① $\dfrac{1}{2}\pi$ cm²

② $\dfrac{1}{3}\pi$ cm²

③ $\dfrac{2}{3}\pi$ cm²

④ $\dfrac{\sqrt{3}}{2}\pi$ cm²

⑤ $\dfrac{\sqrt{3}}{4}\pi$ cm²

No.23 （解答 ▸ P.66）

図のように 2cm 間隔で配置された 9 個の点がある。A，B，C，D を通る円の面積はいくらか。ただし，円周率＝ 3.14 とする。

① 24.3 cm²

② 28.3 cm²

③ 30.6 cm²

④ 31.4 cm²

⑤ 50.2 cm²

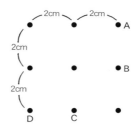

No.24

（解答 ▶ P.66）

半径 5cm の円がある。正三角形がこの円に内接しているとき，$\dfrac{1}{3}$ 円周と正三角形の一辺で囲まれた斜線部 A の面積はおよそいくらか。ただし円周率＝ 3.14 とする。

①　約 14.0cm²

②　約 14.2cm²

③　約 14.53cm²

④　約 14.58cm²

⑤　約 15.3cm²

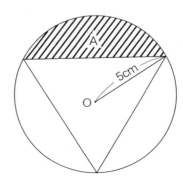

No.25

（解答 ▶ P.66）

図のようにそれぞれの中心が A，B，C で，直径 10cm の円を 3 つ重ね合わせてできる斜線の部分の面積はいくらか。最も近い値を選べ。ただし，円周率＝ 3.14，$\sqrt{3} = 1.73$ とする。

①　約 16.3cm²

②　約 16.6cm²

③　約 17.7cm²

④　約 18.3cm²

⑤　約 18.6cm²

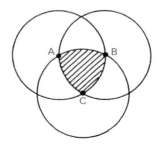

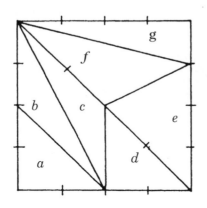

正方形の各辺に四等分する点と対角線を四等分する点が左図のように描かれ，直線で結ばれている。aからgまで7つの三角形が出来ているが，その面積の関係を示すものとして正しいのはどれか。

① g > b
② f = g
③ a = b = f
④ f > a
⑤ a > c

平行四辺形 ABCD の辺 BC を 3：2 に内分する点を E とし，AE の延長と DC の延長との交点を F とするとき，平行四辺形 ABCD と△ FCE の面積の比を求めよ。

① 10：3
② 12：3
③ 13：2
④ 14：3
⑤ 15：2

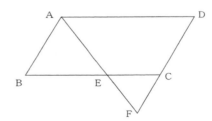

図のような平行四辺形 ABCD があり，E，F はそれぞれ AD，BC の中点である。AC と BE，AF と BE，AC と DF の交点をそれぞれ G，H，I とする。
平行四辺形 ABCD の面積が 48cm² であるとき，四角形 GHFI の面積はいくらか。

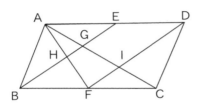

① 4cm²
② 6cm²
③ 8cm²
④ 10cm²
⑤ 12cm²

No.29

（解答 ▶ P.67）

四角形 ABCD は平行四辺形である。BC の延長線上に F をおき，DF と AB の交点を E とする。
AD は 4cm，FB は 8cm，三角形 EFB の面積が 16cm² のとき，平行四辺形 ABCD の面積を求めよ。

① 20cm²

② 24cm²

③ 28cm²

④ 30cm²

⑤ 32cm²

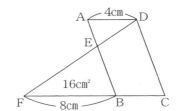

No.30

（解答 ▶ P.67）

下図のように三角形 ABC の各辺をそれぞれ 3，4，5 等分し，点 D，E，F をとる。DEF を結んで
出来る三角形の面積の元の三角形に対する割合はいくらか。最も近いものを選べ。

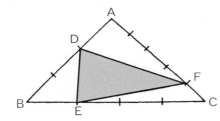

① 0.50

② 0.49

③ 0.45

④ 0.42

⑤ 0.40

No.31

（解答 ▶ P.67）

扇がある。紙の張ってある部分と竹の骨のみの部分の長さの比は 1：1 である。紙の部分の中点を
結んで円心円が描かれている（CC'）。この円周で二分されている紙の部分を図のように P, Q とし，
骨のみの部分を R としたとき，P と R の面積比はいくつか。

① 6：3

② 7：4

③ 8：3

④ 9：5

⑤ 9：4

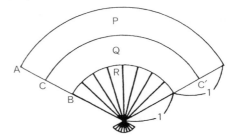

No.32 (解答 ▶ P.68)

一辺の長さが 3 の正三角形があり，これに外接する円 A と，半径が等しい円 B が 3 つ，図のように内接している。このとき，外接円 A の面積は内接する円 B の面積の何倍であるか。

① $2(2+\sqrt{3})$ 倍

② $\dfrac{8(2+\sqrt{3})}{3}$ 倍

③ $\dfrac{3(2+\sqrt{3})}{2}$ 倍

④ $4(2+\sqrt{3})$ 倍

⑤ $8(2+\sqrt{3})$ 倍

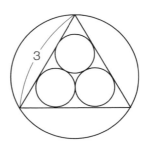

No.33 (解答 ▶ P.68)

一辺の長さが a の正三角形に内接する円の面積と，外接する円の面積の差はいくらか。

① $\dfrac{5}{48}\pi a^2$

② $\dfrac{1}{16}\pi a^2$

③ $\dfrac{3}{16}\pi a^2$

④ $\dfrac{1}{4}\pi a^2$

⑤ $\dfrac{1}{3}\pi a^2$

No.34 (解答 ▶ P.69)

図中の弧 AB の長さが 6 cm であるとき，弧 CD の長さはいくらか。ただし，点 O はこの円の中心であり，PB ＝ OB とする。

① 10 cm

② 12 cm

③ 15 cm

④ 18 cm

⑤ 20 cm

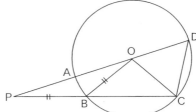

No.35

（解答 ▶ P.69）

図のように，円 O に点 A，B，H をとる。OA ＝ OB ＝ 4，OH ＝ $2\sqrt{3}$，AH ＝ 2 であるとき，円弧 AB の長さはいくらか。円周率は π を用いること。

① $\dfrac{1}{12}\pi$

② $\dfrac{1}{3}\pi$

③ $\dfrac{2}{3}\pi$

④ $\dfrac{4}{3}\pi$

⑤ 2π

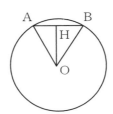

No.36

（解答 ▶ P.69）

図のように四角形 ABCD が円に内接している。辺 BC の延長線と辺 AD の延長線の交点を E とすると，△ ACE は∠ E ＝ 30°，AC ＝ CE の二等辺三角形であり，△ ACE と△ ADC は相似であった。このとき，四角形の∠ B の大きさとして正しいものはどれか。

① 45°

② 50°

③ 60°

④ 75°

⑤ 85°

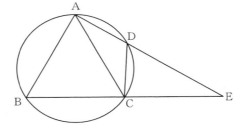

No.37

（解答 ▶ P.69）

円に内接する四角形 ABCD の辺 AB と CD の延長線が，次の図のように P で交わっている。辺 CD の長さはいくらか。

① 10 cm

② 11 cm

③ 12 cm

④ 13 cm

⑤ 14 cm

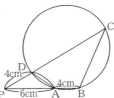

（解答 ▶ P.70）

図のように，半径 a の円に四角形が内接している。対角線 AC は円の中心 O を通り，∠BOC = 60°，∠AOD = 90° である。また，辺 BC は円の半径と長さが等しい。このとき，四角形 ABCD の面積はいくつか。

① $\sqrt{3}a^2$

② $(\sqrt{3} + 1)a^2$

③ $2a^2$

④ $(\dfrac{\sqrt{3}}{2} + 1)a^2$

⑤ $5a^2$

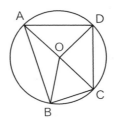

 （解答 ▶ P.70）

図のような△ABC に円 O が内接し D，E，F で接している。このとき，AF，BD，CE の長さの組合せとして正しいのはどれか。

① 　　3，　　4，　　2

② 　　2，　　4，　　3

③ 　1.5，　4.2，　3

④ 　2.5，　5，　　3

⑤ 　2.2，　4.2，　3.2

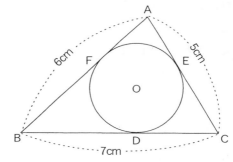

 （解答 ▶ P.70）

図は，半径 3cm の 3 つの円柱状の容器をひもで巻いたものを上から見たものである。このとき，1 周しているひもの長さを求めよ。

① $3\pi + 24$ cm

② $6\pi + 18$ cm

③ $9\pi + 16$ cm

④ $6\pi + 24$ cm

⑤ $8\pi + 18$ cm

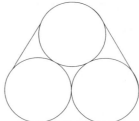

No.41

（解答 ▸ P.70）

図のように，円の中心が一直線上に並ぶように左から半径2の円を並べていく。並べる円の円周は，隣の円の中心を通るものとする。n 個の円を並べたときの周りの長さを Ln とするとき，Ln を n の式で表すとどうなるか。ただし，円周率を π とし，n は2以上とする。

① $\dfrac{4\pi(2+n)}{3}$

② $2\pi(2+n)$

③ $\dfrac{4\pi(n-2)}{3}$

④ $\dfrac{2\pi(n-2)}{3}$

⑤ $\dfrac{4\pi n}{3}$

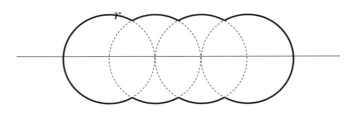

No.42

（解答 ▸ P.70）

半径が5cmの円を，図のようにそれぞれの円周が他の円の中心を通るように重ねていったとき，5番目の図形の周りの長さはいくらか。

① 25π cm

② 30π cm

③ 35π cm

④ 40π cm

⑤ 45π cm

1番目　　　2番目　　　　　　　　　4番目

No.43

（解答 ▸ P.71）

1辺10cmの正方形がある。その中の2つの同じ大きさの円が図のように2辺に接し，かつお互いにぴったりと接して描かれている。この2つの円の直径の長さはいくらか。最も近い値を選べ。

① 5.5cm

② 5.7cm

③ 5.9cm

④ 6.1cm

⑤ 6.3cm

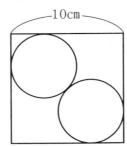

図で **MN** は円 **O** の直径で，**OA** = r は半径で，**K** は **OK** = $\dfrac{1}{3}$ **ON** の点である。**AK** を半径として **O** を中心とする円を描き，**OM** の延長との交点を **B** とするとき，**AB** の長さはいくらか。ただし，∠ **AOK** = 90° とする。

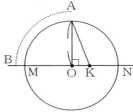

① $\dfrac{3}{2} r$

② $\sqrt{\dfrac{7}{2}} r$

③ $\dfrac{\sqrt{17}}{3} r$

④ $\sqrt{2} r$

⑤ $\dfrac{\sqrt{19}}{3} r$

大円と小円が下図のように点 **A** で接している。**P** は大円の中心であり，**AC** と **PE** は直交している。大円の半径はいくらか。ただし，**BC** = 9 cm，**DE** = 5 cm である。

① 23 cm

② 25 cm

③ 26 cm

④ 27 cm

⑤ 29 cm

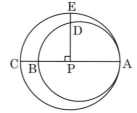

次の図のように，半径 3 cm の円 **O** と，半径 2 cm の円 **O′** がある。2 つの円に共通する接線が点 **Q** で円 **O** と，点 **R** で円 **O′** と接している。四角形 **QOO′R** の面積が $10\sqrt{3}$ cm² であるとき，図の **ST** 間はどれだけ離れているか。最も近いものを選びなさい。

① 2.0 cm

② 2.4 cm

③ 3.0 cm

④ 3.6 cm

⑤ 4.0 cm

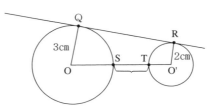

（解答 ▶ P.72）

図のように半径 40cm と半径 10cm の円（はずみ車）がある。2つの円の中心と中心との距離は 60cm である。この2つのはずみ車にベルトを掛けたとき，このベルトの長さは最短でいくらになるか。ただし，円周率を π とする。

① $\dfrac{160}{3}\pi + 60\sqrt{3}$ cm

② $60\pi + 30\sqrt{3}$ cm

③ $60(\sqrt{3} + \pi)$ cm

④ $60\sqrt{3} + 2\pi$ cm

⑤ $\dfrac{160}{3}\pi + 30\sqrt{3}$ cm

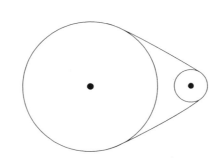

（解答 ▶ P.72）

下の図の B，C 一杯に入った油を A に移した。A が一杯になるには，後およそどれだけ必要か。ただし，円周率＝ 3.14 とする。

① 約 589cm³

② 約 559cm³

③ 約 555cm³

④ 約 489cm³

⑤ 約 459cm³

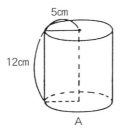
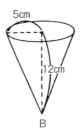
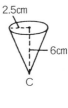

（解答 ▶ P.72）

下図のように1辺 10cm の立方体がある。点 C，E，G を含む平面で立方体を切断して出来る三角すい C － EFG の体積はいくらか。最も近いものを選べ。

① 152cm³

② 157cm³

③ 162cm³

④ 167cm³

⑤ 172cm³

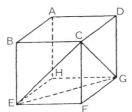

No.50 (解答 ▶ P.72)

底面の半径が **3cm** の円で，高さが **4cm** の円すいがある。この円すいの表面積はいくらか。円周率 $\pi = 3.14$ とする。

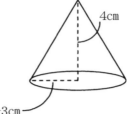

① 18.84 cm²

② 28.20 cm²

③ 47.30 cm²

④ 75.36 cm²

⑤ 94.20 cm²

No.51 (解答 ▶ P.72)

2つの円すい **A**，**B** がある。A，B の体積は等しいが，高さの比は **A : B ＝ 4 : 9** であるとき，底面の半径の比はいくつになるか。

① 3：2

② 3：4

③ 4：3

④ 5：4

⑤ 5：2

No.52 (解答 ▶ P.73)

形，大きさが全く同じ直方体が2個ある。これを張り合わせて大きな直方体を1個作るとき，その表面積は張り合わせ方によって，107 cm²，121 cm²，127 cm² になった。張り合わせる前の直方体1個の表面積を求めよ。

① 69 cm²

② 71 cm²

③ 73 cm²

④ 75 cm²

⑤ 77 cm²

No.53

（解答 ▶ P.73）

ある立方体 A の各辺をそれぞれ 2 cm 縮めると体積は 386 cm³ 減少するとき，A の各辺を 2 cm 伸ばすと体積は何 cm³ 増加するか。

① 386 cm³

② 422 cm³

③ 582 cm³

④ 602 cm³

⑤ 728 cm³

No.54

（解答 ▶ P.73）

図のような直方体がある。上底，下底は各辺 2 cm の正方形で高さは 6 cm である。今，A から始まって，この直方体の回りを一周して A → P → Q → R → B と B まで直線を順次引いて行くとき，最短距離は何 cm あるか。

① 8 cm

② 9 cm

③ 10 cm

④ 11 cm

⑤ 12 cm

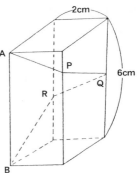

No.55

（解答 ▶ P.73）

図の四角形 ABCD を，AD を軸として 1 回転させたときにできる回転体の体積を求めよ。ただし，円周率は π とする。

① 1,000 π cm³

② 1,100 π cm³

③ 1,200 π cm³

④ 1,300 π cm³

⑤ 1,400 π cm³

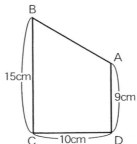

No.56 （解答 ▶ P.73）

1辺が 4cm の立方体の箱の中に入る球で，最も大きな球の体積を求めなさい。

① 32 π cm³

② 16 π cm³

③ $\dfrac{32}{3}$ π cm³

④ 8 π cm³

⑤ $\dfrac{16}{3}$ π cm³

No.57 （解答 ▶ P.74）

底面が半径 3cm の円，高さ 10cm の円柱型のグラスに水を入れ，図のように傾けた。このとき，中に入っている水の体積はどれだけか。

① 28 π cm³

② 30 π cm³

③ 36 π cm³

④ 42 π cm³

⑤ 45 π cm³

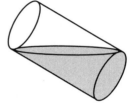

No.58 （解答 ▶ P.74）

底面の半径 6cm，体積 96 π cm³ の直円すいがある。この直円すいの側面積はいくらか。

（π＝円周率）

① 24 π cm²

② 36 π cm²

③ 48 π cm²

④ 60 π cm²

⑤ 72 π cm²

No.59

（解答 ▶ P.74）

下の図の正四角すいで底面の 1 辺が 12 cm，OA ＝ 18 cm のときの体積を求めよ。

① $288\sqrt{7}$ cm³
② $300\sqrt{3}$ cm³
③ $328\sqrt{2}$ cm³
④ 426 cm³
⑤ 456 cm³

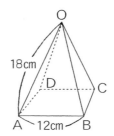

No.60

（解答 ▶ P.74）

下の図のように，一辺 4 cm の立方体 ABCD － EFGH を頂点 B，D，G を通る平面で切ったとき，小さい方の立体と大きい方の立体の体積比を求めよ。

① 1 : 4
② 1 : 5
③ 1 : 6
④ 2 : 7
⑤ 2 : 9

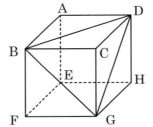

No.61

（解答 ▶ P.74）

図のような立方体を図の 3 点を通る平面で切ったとき，三角すいと残ったほうの立体の体積比が 2 : 123 であった。図の x の値を求めよ。

① 4
② 5
③ 6
④ 7
⑤ 8

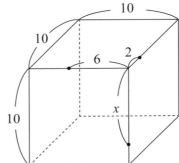

ある物体を，円すいを逆さまにして水を満杯に入れた水槽に入れると，水があふれ出てきた。あふれた水は，219 π cm³ であった。この物体を取り出すと，満杯のときに比べて，水面が何 cm 下がっているか。ただし，円すいの底面の半径を 10 cm，高さを 10 cm，円周率をπとする。

① 3 cm
② 4 cm
③ 5 cm
④ 6 cm
⑤ 7 cm

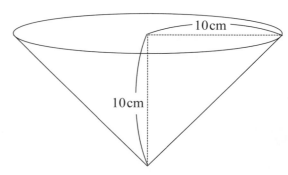

直方体 A，B は相似であり，底面は正方形である。直方体 A の体積は 16 cm³，直方体 B の体積は 54 cm³ である。直方体 A の底面の一辺の長さが 2 cm であるとき，直方体 B の底面の一辺の長さはいくらか。

① 3 cm
② 3.5 cm
③ 4 cm
④ 4.5 cm
⑤ 5 cm

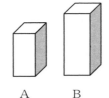

A B

三角すい A － BCD について，辺 AB を 1：3 に内分する点を P，辺 BC を 2：1 に内分する点を Q，辺 BD を 1：1 に内分する点を R とする。元の三角すい A － BCD と，このときできる三角すい P － BRQ の体積比はいくらか。

① 3：1
② 3：2
③ 4：1
④ 2：1
⑤ 4：3

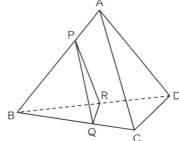

No.65 （解答▶ P.75）

AC＝7，BC＝3，∠C＝90°の直角三角形がある。この直角三角形の辺ACを軸に回転した場合と辺BCを軸に回転した場合，できる図形の体積比はいくらになるか。最も近いものを選べ。

① 1：1

② 3：7

③ 7：3

④ 9：7

⑤ 9：49

No.66 （解答▶ P.75）

底面の半径3，高さ9の円すいを逆さまにした形の容器がある。これに，半径2の球体を入れたとき，球の中心はグラスの下からどれだけの高さのところに位置するか。

① $4\sqrt{2}$

② $4\sqrt{3}$

③ 6

④ $2\sqrt{10}$

⑤ $3\sqrt{10}$

No.67 （解答▶ P.76）

底面が一辺6cmの正方形である四角すいがある。この四角すいの体積が36cm³であるとき，この四角すいの表面積はいくらか。最も近い値を選べ。

① $18\sqrt{3}$cm²

② $18(1+\sqrt{3})$cm²

③ $36\sqrt{2}$cm²

④ $18(2+\sqrt{3})$cm²

⑤ $36(1+\sqrt{2})$cm²

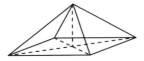

一辺の長さが a の立方体 ABCD － EFGH がある。図のように辺 BC に中点 I を，辺 CD に中点 J を取り，点 I，J，G を通る平面で切り取る。このときできる三角形 IJG の面積はいくらか。

① $\dfrac{a^2}{24}$

② $\dfrac{3a^2}{16}$

③ $\dfrac{\sqrt{3}a^2}{8}$

④ $\dfrac{a^2}{4}$

⑤ $\dfrac{3a^2}{8}$

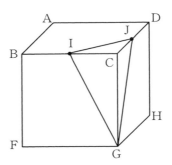

第3章 場合の数

No.1
（解答 ▶ P.77）

1，2，3，4，5 の 5 つの数字を 1 つずつ使ってできる 2 ケタの数はいくつあるか。

 ① 10 個

 ② 15 個

 ③ 20 個

 ④ 25 個

 ⑤ 30 個

No.2
（解答 ▶ P.77）

1 から 10 までの数の中で，8 つの数字を使って和が 45 になるようにしたい。何通りの組合せがあるか。ただし，同じ数字は複数使えないものとする。

 ① 7 通り

 ② 6 通り

 ③ 5 通り

 ④ 4 通り

 ⑤ 3 通り

No.3
（解答 ▶ P.77）

1 〜 4 までの番号をつけた 4 個の球を，1 〜 4 までの番号をつけた 4 個の箱に 1 つずつ入れるとき，球と箱の番号がすべて異なるような入れ方は何通りあるか。

 ① 6 通り

 ② 7 通り

 ③ 8 通り

 ④ 9 通り

 ⑤ 10 通り

荷物を送るとき，15kg 以上 30kg 以下であれば料金は同じである。この料金で，5kg の商品 A と 6kg の商品 B をそれぞれ 1 個以上混ぜて送るとき，商品の組合せは何通りあるか。

① 6 通り
② 7 通り
③ 8 通り
④ 9 通り
⑤ 10 通り

0 〜 5 までの連続する整数のカード 6 枚から 4 枚を選び，左から右へ順に並べていく。このとき，右側のカードは，左側のカードより必ず小さい数字にすると，カードの並べ方は全部で何通りあるか。

① 15 通り
② 21 通り
③ 24 通り
④ 28 通り
⑤ 32 通り

図のような 5 つの領域を 4 色で塗り分ける。同じ色が接することがないように塗り分けるとき，何通りの塗り方があるか。ただし，4 色のうち使わない色があってもよいものとする。

① 72 通り
② 86 通り
③ 96 通り
④ 158 通り
⑤ 192 通り

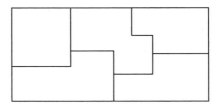

No.7 (解答 ▶ P.78)

図のようなベンチがある。ここに，夫婦3組6人が座る。夫婦は必ず同じベンチに座るとき，何通りの座り方があるか。

① 6通り
② 8通り
③ 24通り
④ 36通り
⑤ 48通り

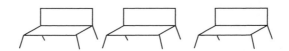

No.8 (解答 ▶ P.78)

5個の数字0，1，2，3，4を使って作られた各位の数字がすべて異なる5ケタの整数について，これらの数を小さい方から順に並べるとき，23,140は何番目になるか。

① 37番目
② 38番目
③ 39番目
④ 40番目
⑤ 41番目

No.9 (解答 ▶ P.78)

下のようなa，b，c，d，eと書かれた5つの面が連なった図形がある。このa〜eの各面を白，黒，赤，青，黄の5色の色で塗り分けたい。塗り方は何通りあるか。

a	b	c	d	e

① 50通り
② 60通り
③ 100通り
④ 120通り
⑤ 150通り

A 〜 F の 6 人がいる。横一列の席に座るとき **A, B** が必ず隣りになるような座り方は何通りあるか。

① 240 通り

② 120 通り

③ 100 通り

④ 125 通り

⑤ 25 通り

DINNER の 6 つの文字を並べ替えるとき，**N** が隣り合わない並べ方は何通りあるか。ただし，並べてできる文字列が同じものは 1 通りとする。

① 240 通り

② 300 通り

③ 360 通り

④ 420 通り

⑤ 480 通り

7 人の旅行者がいる。その中の 2 組は夫婦である。

今，飛行機の座席が横一列に 7 つとれた。夫婦は必ず隣の席で夫が左，妻が右と決まっているとき，座り方は何通りあるか。

① 100 通り

② 120 通り

③ 130 通り

④ 140 通り

⑤ 160 通り

No.13

（解答 ▸ P.79）

父，母，娘 3 人の 5 人家族がおり，図のように配置された椅子に座る。一番下の娘はまだ幼いので，母が必ず隣に座らなくてはならないとすると，座り方は何通りあるか。

① 9 通り
② 12 通り
③ 18 通り
④ 32 通り
⑤ 36 通り

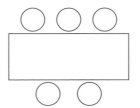

No.14

（解答 ▸ P.79）

0，1，2，3，4，5 と書かれたカードが 1 枚ずつ，合計 6 枚のカードがある。これから 3 枚を無作為に選んで並べ 3 ケタの整数にしたとき，5 の倍数となる並べ方は何通りあるか。

① 20 通り
② 30 通り
③ 36 通り
④ 38 通り
⑤ 40 通り

No.15

（解答 ▸ P.79）

円盤の真ん中を中心として回転する標的がある。今，この円盤を図のように均等に 4 分割し色を塗りたい。色は赤，青，黄，緑の 4 色である。異なる配列の色の塗り分け方は何通りあるか。

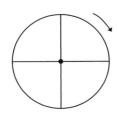

① 6 通り
② 8 通り
③ 10 通り
④ 12 通り
⑤ 24 通り

No.16 (解答 ▶ P.79)

父親，母親，子ども **A，B，C，D，E** の 7 人で円卓に座る。このとき，父親と母親が隣り合わせにならないような座り方は何通りか。

① 360 通り
② 480 通り
③ 600 通り
④ 960 通り
⑤ 1,340 通り

No.17 (解答 ▶ P.79)

正八角形の辺，あるいは対角線を辺とする四角形は全部でいくつあるか。ただし，同じ形の四角形であっても，向きが異なっていれば別のものとして数えることとする。

① 56 通り
② 62 通り
③ 68 通り
④ 70 通り
⑤ 72 通り

No.18 (解答 ▶ P.80)

10 個のりんごを **A，B，C** の 3 人で分けるとき，1 人に必ず 1 個は配る配り方は何通りあるか。

① 24 通り
② 30 通り
③ 36 通り
④ 42 通り
⑤ 48 通り

No.19

（解答 ▶ P.80）

りんご 4 個，みかん 11 個のあわせて 15 個を A，B，C の 3 人にそれぞれ 5 個ずつ配る方法は何通りあるか。

① 12 通り

② 15 通り

③ 24 通り

④ 45 通り

⑤ 66 通り

No.20

（解答 ▶ P.80）

男子 20 人，女子 16 人のクラスから，男子 2 人女子 2 人の委員を選び出す方法は何通りあるか。

① 3,200 通り

② 3,260 通り

③ 22,800 通り

④ 23,200 通り

⑤ 28,400 通り

No.21

（解答 ▶ P.80）

A，B，C，D，E の 5 人から 3 人を選ぶとき，B を必ず含む場合と，B を含まず A を含む場合は，あわせて何通りあるか。

① 9 通り

② 10 通り

③ 11 通り

④ 12 通り

⑤ 13 通り

赤・青・黄の３色のうち何色かを使って図のような紙に色を塗るとき，色の塗り方は何通りあるか。ただし，隣り合う所は同じ色は塗らないものとする。

① 　9 通り
② 　12 通り
③ 　15 通り
④ 　18 通り
⑤ 　24 通り

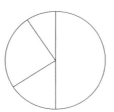

正四角すいの５つの面すべてを，５色の色のすべて，または一部を使って塗るとき，１つの面には１色を塗り，隣り合う面には異なる色を塗るとすると何通りの塗り方があるか。ただし，回転して同じ色の配置になるものは１通りに数える。

① 　　60 通り
② 　　80 通り
③ 　112 通り
④ 　116 通り
⑤ 　120 通り

次の記述ア，イ，ウについて，その数の大小関係を正しく示しているものはどれか。

ア：100 円硬貨と 50 円硬貨で，ちょうど 500 円にしたい。このとき，硬貨の枚数の組合せの場合の数（一方が 0 枚のときを含む）

イ：A ～ C の３人の班員から，代表と書記を１人ずつ選ぶときの組合せの数

ウ：A ～ D の４グループの総当たり戦を一回行う場合の総対戦数

① 　ア＝イ＝ウ
② 　ア＝イ＞ウ
③ 　ア＜イ＜ウ
④ 　ア＞イ＜ウ
⑤ 　ア＞イ＞ウ

No.25

（解答 ▶ P.81）

12 人の子供を **A・B・C** の三部屋に 4 人ずつに分けたい。何通りの分け方があるか。

① 　　16,384 通り

② 　　34,650 通り

③ 　　65,536 通り

④ 　1,048,576 通り

⑤ 16,777,216 通り

No.26

（解答 ▶ P.81）

1 ～ 14 までの数字を書いたカードが 14 枚ある。このカードから 3 枚のカードを取ったとき，3 の倍数を少なくとも 1 枚含む組合せは，何組あるか。

① 　35 組

② 120 組

③ 165 組

④ 244 組

⑤ 364 組

No.27

（解答 ▶ P.81）

3 個のサイコロを同時に投げるとき，出た目の数の和が 9，11 となる確率を求めよ。

① $\dfrac{1}{36}$ と $\dfrac{1}{7}$

② $\dfrac{23}{216}$ と $\dfrac{1}{8}$

③ $\dfrac{25}{216}$ と $\dfrac{1}{9}$

④ $\dfrac{11}{36}$ と $\dfrac{2}{15}$

⑤ $\dfrac{25}{216}$ と $\dfrac{1}{8}$

（解答 ▶ P.81）

2人の人がジャンケンをしたとき，2回続けてあいこになる確率として正しいのはどれか。

① $\dfrac{1}{2}$

② $\dfrac{1}{3}$

③ $\dfrac{1}{6}$

④ $\dfrac{1}{9}$

⑤ $\dfrac{1}{12}$

 （解答 ▶ P.81）

白球4個，黒球5個が入っている袋から同時に3個の球を取り出すとき，少なくとも1個が白球である確率を求めよ。

① $\dfrac{31}{36}$

② $\dfrac{37}{42}$

③ $\dfrac{31}{48}$

④ $\dfrac{13}{54}$

⑤ $\dfrac{17}{63}$

（解答▶P.82）

1組のトランプから5枚のカードを抜き出した。5枚はスペードが3枚，ハートが2枚であった。この5枚から1枚ずつカードをひくとき，連続して同じマークが出る確率はいくらか。

① $\dfrac{3}{10}$

② $\dfrac{7}{10}$

③ $\dfrac{1}{6}$

④ $\dfrac{9}{10}$

⑤ $\dfrac{1}{4}$

（解答▶P.82）

1～5までの数字が書かれたカードが1枚ずつ，計5枚ある。1枚ずつ引いて左から順に並べて5ケタの数を作るとき，百の位が3である確率はいくつか。

① $\dfrac{1}{10}$

② $\dfrac{1}{5}$

③ $\dfrac{3}{5}$

④ $\dfrac{1}{4}$

⑤ $\dfrac{2}{3}$

（解答 ▸ P.82）

1から7までの数字が書かれたカードが1枚ずつ，合計7枚ある。この中から無造作に2枚を選んだとき，その数の和も積も偶数になる確率として，最も妥当なものはどれか。

① $\dfrac{1}{14}$

② $\dfrac{1}{7}$

③ $\dfrac{3}{7}$

④ $\dfrac{5}{7}$

⑤ $\dfrac{6}{7}$

（解答 ▸ P.82）

袋の中に同じ大きさの赤玉6個，青玉4個，黄玉3個の合計13個の玉が入っている。この袋の中から1個の玉を取り出して，元に戻さずに再び1個の玉を取り出すとき，取り出された2個の玉が互いに同じ色になる確率はいくらか。

① $\dfrac{4}{13}$

② $\dfrac{7}{13}$

③ $\dfrac{8}{13}$

④ $\dfrac{9}{13}$

⑤ $\dfrac{11}{13}$

No.34

（解答▶P.82）

袋の中に，赤，白，青の3種類の球がいくつかずつ入っている。これから1個の球を取り出すとき，赤が出る確率が20％，白が出る確率が60％，青が出る確率が20％である。このとき，3回取り出して赤・白・青の順に出る確率は何％か。ただし，取り出した球は毎回袋の中に戻すものとする。

① 　0.024％

② 　　2.1％

③ 　　2.4％

④ 　　24％

⑤ 　　33％

No.35

（解答▶P.82）

赤玉と白玉が1個ずつ入った袋がある。この袋から玉を1個取り出し，元に戻す操作を行なうとき，赤玉の次に赤玉が出る確率が $\dfrac{3}{5}$ ，白玉の次に白玉が出る確率が $\dfrac{3}{4}$ であるとき，4回の操作を行なって白，赤，白，白の順に出てくる確率を求めなさい。

① 　$\dfrac{3}{160}$

② 　$\dfrac{3}{80}$

③ 　$\dfrac{3}{40}$

④ 　$\dfrac{3}{20}$

⑤ 　$\dfrac{9}{10}$

箱の中に，赤い玉が 2 つ，青い玉が 3 つ，白い玉が 1 つ入っている。箱から，玉を 1 つ取り，色を確認したら戻す。この作業を 3 回行うとき，少なくとも 1 回は赤い玉が出る確率はいくらか。

① $\dfrac{8}{27}$

② $\dfrac{13}{27}$

③ $\dfrac{19}{27}$

④ $\dfrac{7}{9}$

⑤ $\dfrac{8}{9}$

大小 2 つのサイコロを振り，出た目の数をそれぞれ x, y とし，xy 座標上に点 M (x, y) をとる。原点 O と点 M を結んでできる線分 OM の長さが 5 より大きくなる確率はいくつか。

① $\dfrac{11}{36}$

② $\dfrac{1}{6}$

③ $\dfrac{5}{8}$

④ $\dfrac{7}{12}$

⑤ $\dfrac{8}{9}$

No.38

（解答 ▶ P.83）

３つのサイコロを同時に投げるとき，出た目の最小値が３である確率を求めよ。ただし，３つとも３の目であっても最小値は３と考えるものとする。

① $\dfrac{1}{3}$

② $\dfrac{2}{9}$

③ $\dfrac{7}{36}$

④ $\dfrac{11}{36}$

⑤ $\dfrac{37}{216}$

No.39

（解答 ▶ P.83）

30個の製品の中に３個の不良品が含まれている。30個のうちから５個を取り出すとき，含まれる不良品が１個以下である確率を求めよ。

① $\dfrac{95}{203}$

② $\dfrac{190}{203}$

③ $\dfrac{195}{203}$

④ $\dfrac{115}{203}$

⑤ $\dfrac{75}{203}$

（解答 ▶ P.83）

10本のくじがあり，このうち1本だけが当たりである。このくじを順に引いて3回目に当たりくじが出る確率について，引いたくじを戻さないときと，引いたくじを戻すときの差はいくらか。

① $\dfrac{19}{103}$

② $\dfrac{19}{100}$

③ $\dfrac{41}{500}$

④ $\dfrac{19}{1000}$

⑤ $\dfrac{9}{1000}$

（解答 ▶ P.83）

袋の中に，白玉が3個，青玉が3個，黄玉が4個入っている。この袋の中から1つずつ取り出すとき，3回目に初めて青玉が出る確率はいくらか。なお，取り出した玉は袋に戻さないものとする。

① $\dfrac{147}{1000}$

② $\dfrac{7}{40}$

③ $\dfrac{49}{240}$

④ $\dfrac{7}{20}$

⑤ $\dfrac{7}{10}$

No.42

（解答 ▶ P.84）

図のように O から出発して次の規則により，1 目盛ずつ進むことにする。

サイコロを投げて，3 の倍数が出れば右へ進む。それ以外の目が出れば上へ進む。

このとき，P に達する確率と Q に達する確率の差を求めよ。

① $\dfrac{8}{81}$

② $\dfrac{16}{81}$

③ $\dfrac{29}{81}$

④ $\dfrac{5}{27}$

⑤ $\dfrac{8}{27}$

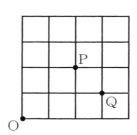

No.43

（解答 ▶ P.84）

中が見えない袋の中に 7 枚のカードが入っており，それぞれのカードには 1 から 7 までの異なる一つの数字が書かれている。この袋の中から，カードを 1 枚ずつ取り出して机の上に一列に並べるとき，奇数のカードと偶数のカードが交互に 7 枚並ぶ確率として，正しいのはどれか。

① $\dfrac{1}{15}$

② $\dfrac{1}{20}$

③ $\dfrac{1}{25}$

④ $\dfrac{1}{30}$

⑤ $\dfrac{1}{35}$

公務員試験

地方初級・国家一般職(高卒者)問題集　数学・数的推理　第4版

2013年3月1日　初　版　第1刷発行
2024年2月10日　第4版　第1刷発行

<table>
<tr><td>編　著　者</td><td>Ｔ　Ａ　Ｃ　株　式　会　社</td></tr>
<tr><td></td><td>(出版事業部編集部)</td></tr>
<tr><td>発　行　者</td><td>多　　田　　敏　　男</td></tr>
<tr><td>発　行　所</td><td>ＴＡＣ株式会社　出版事業部</td></tr>
<tr><td></td><td>(ＴＡＣ出版)</td></tr>
</table>

〒101-8383
東京都千代田区神田三崎町3-2-18
電話　03（5276）9492（営業）
FAX　03（5276）9674
https://shuppan.tac-school.co.jp/

<table>
<tr><td>印　　　刷</td><td>株式会社　ワ　コ　ー</td></tr>
<tr><td>製　　　本</td><td>東京美術紙工協業組合</td></tr>
</table>

Ⓒ TAC 2024　　　Printed in Japan

ISBN 978-4-300-11055-3
N.D.C. 317

TAC出版 書籍のご案内

TAC出版では、資格の学校TAC各講座の定評ある執筆陣による資格試験の参考書をはじめ、資格取得者の開業法や仕事術、実務書、ビジネス書、一般書などを発行しています！

TAC出版の書籍

*一部書籍は、早稲田経営出版のブランドにて刊行しております。

資格・検定試験の受験対策書籍

- ◎日商簿記検定
- ◎建設業経理士
- ◎全経簿記上級
- ◎税　理　士
- ◎公認会計士
- ◎社会保険労務士
- ◎中小企業診断士
- ◎証券アナリスト

- ◎ファイナンシャルプランナー(FP)
- ◎証券外務員
- ◎貸金業務取扱主任者
- ◎不動産鑑定士
- ◎宅地建物取引士
- ◎賃貸不動産経営管理士
- ◎マンション管理士
- ◎管理業務主任者

- ◎司法書士
- ◎行政書士
- ◎司法試験
- ◎弁理士
- ◎公務員試験(大卒程度・高卒者)
- ◎情報処理試験
- ◎介護福祉士
- ◎ケアマネジャー
- ◎社会福祉士　ほか

実務書・ビジネス書

- ◎会計実務、税法、税務、経理
- ◎総務、労務、人事
- ◎ビジネススキル、マナー、就職、自己啓発
- ◎資格取得者の開業法、仕事術、営業術
- ◎翻訳ビジネス書

一般書・エンタメ書

- ◎ファッション
- ◎エッセイ、レシピ
- ◎スポーツ
- ◎旅行ガイド (おとな旅プレミアム/ハルカナ)
- ◎翻訳小説

書籍のご購入は

1 全国の書店、大学生協、ネット書店で

2 TAC各校の書籍コーナーで

資格の学校TACの校舎は全国に展開！
校舎のご確認はホームページにて

資格の学校TAC ホームページ
https://www.tac-school.co.jp

3 TAC出版書籍販売サイトで

CYBER TAC出版書籍販売サイト
BOOK STORE

24時間ご注文受付中

TAC 出版 で 検索

https://bookstore.tac-school.co.jp/

新刊情報を
いち早くチェック！

たっぷり読める
立ち読み機能

学習お役立ちの
特設ページも充実！

TAC出版書籍販売サイト「サイバーブックストア」では、TAC出版および早稲田経営出版から刊行されている、すべての最新書籍をお取り扱いしています。
また、無料の会員登録をしていただくことで、会員様限定キャンペーンのほか、送料無料サービス、メールマガジン配信サービス、マイページのご利用など、うれしい特典がたくさん受けられます。

サイバーブックストア会員は、特典がいっぱい！ (一部抜粋)

 通常、1万円（税込）未満のご注文につきましては、送料・手数料として500円（全国一律・税込）頂戴しておりますが、1冊から無料となります。

 メールマガジンでは、キャンペーンやおすすめ書籍、新刊情報のほか、「電子ブック版TACNEWS（ダイジェスト版）」をお届けします。

 専用の「マイページ」は、「購入履歴・配送状況の確認」のほか、「ほしいものリスト」や「マイフォルダ」など、便利な機能が満載です。

 書籍の発売を、販売開始当日にメールにてお知らせします。これなら買い忘れの心配もありません。

書籍の正誤に関するご確認とお問合せについて

書籍の記載内容に誤りではないかと思われる箇所がございましたら、以下の手順にてご確認とお問合せをしてくださいますよう、お願い申し上げます。

なお、正誤のお問合せ以外の**書籍内容に関する解説および受験指導などは、一切行っておりません。**
そのようなお問合せにつきましては、お答えいたしかねますので、あらかじめご了承ください。

1 「Cyber Book Store」にて正誤表を確認する

TAC出版書籍販売サイト「Cyber Book Store」の
トップページ内「正誤表」コーナーにて、正誤表をご確認ください。

URL：https://bookstore.tac-school.co.jp/

2 **1**の正誤表がない、あるいは正誤表に該当箇所の記載がない ⇒ 下記①、②のどちらかの方法で文書にて問合せをする

★ご注意ください★

お電話でのお問合せは、お受けいたしません。
①、②のどちらの方法でも、お問合せの際には、「お名前」とともに、
「対象の書籍名（○級・第○回対策も含む）およびその版数（第○版・○○年度版など）」
「お問合せ該当箇所の頁数と行数」
「誤りと思われる記載」
「正しいとお考えになる記載とその根拠」
を明記してください。
なお、回答までに１週間前後を要する場合もございます。あらかじめご了承ください。

① ウェブページ「Cyber Book Store」内の「お問合せフォーム」より問合せをする

【お問合せフォームアドレス】

https://bookstore.tac-school.co.jp/inquiry/

② メールにより問合せをする

【メール宛先　TAC出版】

syuppan-h@tac-school.co.jp

※土日祝日はお問合せ対応をおこなっておりません。
※正誤のお問合せ対応は、該当書籍の改訂版刊行月末日までといたします。

乱丁・落丁による交換は、該当書籍の改訂版刊行月末日までといたします。なお、書籍の在庫状況等により、お受けできない場合もございます。
また、各種本試験の実施の延期、中止を理由とした本書の返品はお受けいたしません。返金もいたしかねますので、あらかじめご了承くださいますようお願い申し上げます。

（2022年7月現在）

数学・数的推理

Math & Mathematical inferences

TAC出版編集部編

問題集

TAC出版

TAC PUBLISHING Group

目次

数学……………………………………………………………… 1

数的推理……………………………………………………… 27

第1編　数学

第1章　数と式

（問題，本文2ページ）

No.1

① $2^{-3} = \dfrac{1}{2^3} = \dfrac{1}{8}$

② $(-2)^{-3} = \dfrac{1}{(-2)^3} = -\dfrac{1}{8}$

③ 0

④ $(-2)^2 = (-2) \times (-2) = 4$

⑤ $2^3 = 8$

答　④

No.2

x が最も小さい正の整数になるとき，$x^2 + 1$ の値は最小値を取る。

よって，$x = 1$ のとき，

$x^2 + 1 = 1^2 + 1 = 2$

答　①

No.3

$x:y = 5:6$，$y:z = 9:10$ より，

y の最小公倍数は 18 なので，

$x:y = 15:18$，$y:z = 18:20$

よって，$x:y:z = 15:18:20$

答　⑤

No.4

$x = 0.\dot{3}0\dot{4}$ とおくと，

$1000x = 304.\dot{3}0\dot{4}$

$1000x - x = 304$

$999x = 304$

$x = \dfrac{304}{999}$

答　②

No.5

$3^{2x+1} = 3^{-3}$

すなわち，$2x + 1 = -3$ より

$x = -2$

答　④

No.6

$xy + 2x - 3y = 8$ より

$y = \dfrac{8 - 2x}{x - 3} = \dfrac{-2(x-3)}{x-3} + \dfrac{2}{x-3}$

$= -2 + \dfrac{2}{x-3}$

x	1	2	4	5
y	-3	-4	0	-1

$x = 3$ とすると，$y = -2 + \dfrac{2}{0}$ となり不適となるので，$x = 3$ は除かれる。

$(1, -3)$，$(2, -4)$，$(4, 0)$，$(5, -1)$ の4組

答　④

No.7

x は $2^2 \times 3^3$ の約数にあたる。

よって，x の数だけ組み合わせができる。

その数は $2^2 \times 3^3$ の指数に 1 を足した数を掛け合わせると求まるので，

$(2 + 1) \times (3 + 1) = 12$〔通り〕

答　①

No.8

$$\cfrac{1}{x - \cfrac{1}{x + \cfrac{1}{1 - \frac{1}{x}}}} = \cfrac{1}{x - \cfrac{1}{x + \cfrac{1}{\frac{x-1}{x}}}} = \cfrac{1}{x - \cfrac{1}{x + \frac{x}{x-1}}}$$

$$= \cfrac{1}{x - \cfrac{1}{\frac{x^2}{x-1}}} = \cfrac{1}{x - \frac{x-1}{x^2}} = \cfrac{1}{\frac{x^3 - x + 1}{x^2}} = \dfrac{x^2}{x^3 - x + 1}$$

答　④

No.9

$(x + 2y)^3$

$= x^3 + 3 \times x^2 \times 2y + 3 \times x \times (2y)^2 + (2y)^3$

$= x^3 + 6x^2y + 12xy^2 + 8y^3$

答　④

No.10

逆に因数分解を展開して確かめてみるとよい。

④の $(x + y + 1)(x - 1) = x^2 + xy - y - 1$

で誤り。

答　④

No.11

$(x - y)^2 = (x + y)^2 - 4xy$

$\qquad\qquad = 100 - 4 \times 5 = 80$

$x < y$ なので,

$x - y = -\sqrt{80}$

$\qquad\quad = -4\sqrt{5}$

答　⑤

No.12

$x^3 + y^3 = (x + y)(x^2 - xy + y^2)$

$\qquad\quad = (x + y)(x^2 + 2xy + y^2 - 3xy)$

$\qquad\quad = (x + y)\{(x + y)^2 - 3xy\}$

$\qquad\quad = (x + y)^3 - 3xy(x + y)$

$\qquad\quad = 5^3 - 3 \times 1 \times 5$

$\qquad\quad = 125 - 15$

$\qquad\quad = 110$

答　②

No.13

3つの式をそれぞれ因数分解する。

$x^2 - 2x - 15 = (x + 3)(x - 5)$

$2x^2 - 18x + 40 = 2(x^2 - 9x + 20)$

$\qquad\qquad\qquad = 2(x - 4)(x - 5)$

$x^2 - 8x + 16 = (x - 4)^2$

これより,最小公倍数は

$2(x + 3)(x - 4)^2(x - 5)$

答　④

No.14

因数分解すると,

$x^2 + 8x + 15 = (x + 5)(x + 3)$

$x^2 + 3x - 10 = (x + 5)(x - 2)$

よって,最小公倍数は,

$(x + 5)(x + 3)(x - 2)$

$= (x^2 + 8x + 15)(x - 2)$

$= x^3 + 6x^2 - x - 30$

答　①

No.15

2の倍数：50個

3の倍数33個のうち,2の倍数と重なる6

の倍数16個を引く：17個

ここまでで67個消したことになる。

続いて,残った数の中から5の倍数を小さい

方から消していく。

$\quad$ 5, 25, 35, 55, 65, 85, 95

$\qquad \uparrow \quad \uparrow \quad \uparrow \quad \uparrow \quad \uparrow$

$\quad$ 68 $\quad$ 69 $\quad$ 70 $\quad$ 71 $\quad$ 72

よって,72番目に消される数は65。

答　③

No.16

$x = 1$, 2, 3を代入して

$4 = d$, $13 = c + d$, $34 = 2b + 2c + d$

$a = 1$, $b = 6$, $c = 9$, $d = 4$

答　①

No.17

$$\frac{x^2 - 10x + 13}{(x - 1)(x - 2)(x - 3)} =$$

$$\frac{a(x - 2)(x - 3) + b(x - 1)(x - 3) + c(x - 1)(x - 2)}{(x - 1)(x - 2)(x - 3)}$$

と通分し,分子＝分子にする。降べき順に整

理して

$x^2 - 10x + 13 = (a + b + c)x^2 -$

$(5a + 4b + 3c)x + 6a + 3b + 2c$

$\begin{cases} a + b + c = 1 \\ 5a + 4b + 3c = 10 \\ 6a + 3b + 2c = 13 \end{cases}$

これを解き, $a = 2$, $b = 3$, $c = -4$

答 ①

No.18

$f\left(\dfrac{1}{2}\right)$

$= 2\left(\dfrac{1}{2}\right)^3 - \left(\dfrac{1}{2}\right)^2 + 4 \times \dfrac{1}{2} - 3$

$= \dfrac{1}{4} - \dfrac{1}{4} + 2 - 3 = -1$

答 ③

No.19

$f(x) = (x - 1)(x + 2)Q(x) + ax + b$
とおく
$f(1) = 1$, $f(-2) = 2$ より
$a + b = 1$, $-2a + b = 2$

$\therefore \quad -\dfrac{1}{3}x + \dfrac{4}{3}$

答 ②

No.20

$x + 1$ で割り切れるならば,
$x^2 + ax - 5 = (x + 1)Q$ となる。
与式が2次式であり, 定数項が -5 であるから,
$Q = (x - 5)$ が適する。
よって,

$x^2 + ax - 5 = (x + 1)(x - 5)$
$\qquad\qquad\qquad = x^2 - 4x - 5$

これより, $a = -4$

答 ⑤

No.21

2式の関係は,
$x^3 + ax^2 - 16x - 8b = Q(x^2 + x - 20)$
$\qquad\qquad\qquad\qquad = Q(x + 5)(x - 4)$
で表される。
これより, $x = -5$, 4 のとき, (与式) $= 0$
となる。
$x = -5$ を代入すると,
$(-5)^3 + a(-5)^2 - 16(-5) - 8b = 0$
$25a - 8b = 45 \quad \cdots(1)$

$x = 4$ を代入すると,
$(4)^3 + a(4)^2 - 16(4) - 8b = 0$
$16a - 8b = 0 \quad \cdots(2)$

(1), (2)を連立すると, $a = 5$, $b = 10$ が得られる。

答 ②

No.22

$\sqrt{20} < x < \sqrt{40}$
2乗して, $20 < x^2 < 40$
$\qquad 16 < 20 < x^2 < 40 < 49$
$\qquad\quad 4^2 < 20 < x^2 < 40 < 7^2$
よって, 当てはまる x は,
$\quad x = 5$, 6 の2個

答 ①

No.23

それぞれの範囲を考える。
ア． $\sqrt{9} < \sqrt{11} < \sqrt{16}$
$\qquad 3 < \sqrt{11} < 4$
$\qquad 6 < 3 + \sqrt{11} < 7$
イ． $\sqrt{16} < \sqrt{19} < \sqrt{25}$
$\qquad 4 < \sqrt{19} < 5$
$\qquad 5 < 1 + \sqrt{19} < 6$
ウ． $\sqrt{9} < \sqrt{10} < \sqrt{16}$
$\qquad 3 < \sqrt{10} < 4$
$\qquad 8 < 5 + \sqrt{10} < 9$
よって, イ＜ア＜ウ

答 ③

No.24

$a > 0$, $b > 0$ のとき

$\left(\dfrac{\sqrt{a} + \sqrt{b}}{2}\right)^2 - \left(\dfrac{\sqrt{a + b}}{2}\right)^2$

$= \dfrac{2\sqrt{ab}}{4} = \dfrac{\sqrt{ab}}{2} > 0 \quad \cdots(1)$

$\left(\sqrt{\dfrac{a + b}{2}}\right)^2 - \left(\dfrac{\sqrt{a} + \sqrt{b}}{2}\right)^2$

$= \dfrac{2(a + b) - (a + b + 2\sqrt{ab})}{4}$

$$= \frac{a + b - 2\sqrt{ab}}{4} = \frac{(\sqrt{a} - \sqrt{b})^2}{4} \geqq 0 \quad \cdots (2)$$

$(1), (2)$ より

$$\sqrt{\frac{a + b}{2}} \geqq \frac{\sqrt{a} + \sqrt{b}}{2} > \frac{\sqrt{a + b}}{2}$$

答 ⑤

No.25

原式 $= (a - 2b) + \sqrt{2}(2a - 3b - 1) = 0$

常時成立するためには（a, b は有理数）

$$a - 2b = 0, \quad 2a - 3b - 1 = 0$$

$a = 2b$ を代入

$$4b - 3b - 1 = 0$$

$$b = 1 \quad \therefore \quad a = 2$$

答 ①

No.26

$$\frac{1}{x} = \frac{1}{\sqrt{6} + \sqrt{5}} = \frac{\sqrt{6} - \sqrt{5}}{6 - 5} = \sqrt{6} - \sqrt{5}$$

よって

$$x + \frac{1}{x} = 2\sqrt{6}$$

答 ①

No.27

$$x^2 + y^2 = (x + y)^2 - 2xy$$

$$x + y = \frac{\sqrt{7} + \sqrt{5}}{\sqrt{7} - \sqrt{5}} + \frac{\sqrt{7} - \sqrt{5}}{\sqrt{7} + \sqrt{5}}$$

$$= \frac{12 + 2\sqrt{35}}{7 - 5} + \frac{12 - 2\sqrt{35}}{7 - 5} = 12$$

$$xy = \frac{\sqrt{7} + \sqrt{5}}{\sqrt{7} - \sqrt{5}} \times \frac{\sqrt{7} - \sqrt{5}}{\sqrt{7} + \sqrt{5}} = 1$$

$$\therefore \quad x^2 + y^2 = 12^2 - 2 \times 1 = 142$$

答 ②

No.28

$\sqrt{5} = 2.23606\cdots$ なので

$$3 < 1 + \sqrt{5} < 4 \text{ となり}$$

$1 + \sqrt{5}$ の整数部分は 3 となる。

よって

$$a = (1 + \sqrt{5}) - 3 = \sqrt{5} - 2$$

$$\therefore \quad a^2 = (\sqrt{5} - 2)^2$$

$$= 5 - 4\sqrt{5} + 4$$

$$= 9 - 4\sqrt{5}$$

これを $a^2 + \dfrac{1}{a^2}$ に代入して

$$a^2 + \frac{1}{a^2} = 9 - 4\sqrt{5} + \frac{1}{9 - 4\sqrt{5}}$$

$$= 9 - 4\sqrt{5} + \frac{9 + 4\sqrt{5}}{(9 - 4\sqrt{5})(9 + 4\sqrt{5})}$$

$$= 9 - 4\sqrt{5} + \frac{9 + 4\sqrt{5}}{81 - 80}$$

$$= 9 - 4\sqrt{5} + 9 + 4\sqrt{5}$$

$$= 18$$

答 ③

No.29

$\sqrt{12}$ の整数部分を求める。

$$9 < 12 < 16 \quad \text{より,}$$

$$3 < \sqrt{12} < 4 \quad \text{よって整数部分は 3。}$$

$\sqrt{5}$ の小数部分を求める。

$$4 < 5 < 9 \quad \text{より,}$$

$$2 < \sqrt{5} < 3$$

よって小数部分は $\sqrt{5} - 2$

$$\text{与式} = [\sqrt{12} - 1] + (\sqrt{5} + 1)$$

$$= [3 - 1] + (\sqrt{5})$$

$$= 2 + \sqrt{5} - 2$$

$$= \sqrt{5}$$

答 ④

No.30

$$\frac{(6 - 2\sqrt{5}) + (6 + 2\sqrt{5}) \times 3}{5 - 1} = 6 + \sqrt{5}$$

$$= 6 + 2.23$$

$$= 8.23$$

よって, $6 + \sqrt{5} - 8 = -2 + \sqrt{5}$

答 ①

第２章　方程式と不等式

（問題，本文 11 ページ）

No.1

$x - y + 2z = 11$ ……(1)

$2x + y - z = 3$ ……(2)

$x + y - 3z = -10$ ……(3)

(1)+(2)より

$3x + z = 14$ ……(4)

(1)+(3)より

$2x - z = 1$ ……(5)

(4)+(5)より

$5x = 15$　　∴　$x = 3$

これを(4)に代入

$9 + z = 14$　　∴　$z = 5$

答　⑤

No.2

連立方程式を解いていく。

$x + y - z = 6$ ……(1)

$2x - 3y - z = 5$ ……(2)

$x - 2y + 2z = 21$ ……(3)

とする。

$2 \times$(1)と，(2)を連立。

$$\begin{array}{r} 2x + 2y - 2z = 12 \\ -)\ 2x - 3y - z = 5 \\ \hline 5y - z = 7 \quad \cdots(1)' \end{array}$$

(1)と(3)を連立。

$$\begin{array}{r} x + y - z = 6 \\ -)\ x - 2y + 2z = 21 \\ \hline 3y - 3z = -15 \\ y - z = -5 \quad \cdots(2)' \end{array}$$

(1)′と(2)′より，$\underline{y = 3}$

(2)′より，$3 - z = -5$

$\underline{z = 8}$

(1)より，$x + 3 - 8 = 6$

$\underline{x = 11}$

解 x, y, z の和を求めると，

$x + y + z = 11 + 3 + 8 = 22$

答　④

No.3

$$x - y = \frac{\sqrt{2}}{\sqrt{2} - 1} - \frac{1}{\sqrt{2} + 1}$$

$$= \frac{\sqrt{2}(\sqrt{2} + 1) - (\sqrt{2} - 1)}{(\sqrt{2} - 1)(\sqrt{2} + 1)} = 3$$

答　④

No.4

$(x - y)^2 (x + y)^2$

$= (x - y)(x + y)(x - y)(x + y)$

$= (x^2 - y^2)(x^2 - y^2)$

$= 49$

答　③

No.5

$$\left(x + \frac{1}{x}\right)^2 = \left(x - \frac{1}{x}\right)^2 + 4$$

$$= 9 + 4$$

$$= 13$$

$$\therefore \quad x + \frac{1}{x} = \pm\sqrt{13}$$

答　④

No.6

$$\left(a + \frac{1}{a}\right)^2 = a^2 + 2 \times a \times \frac{1}{a} + \frac{1}{a^2}$$

$$= a^2 + 2 + \frac{1}{a^2}$$

これより，

$$a^2 + \frac{1}{a^2} = \left(a + \frac{1}{a}\right)^2 - 2$$

$$= (\sqrt{3})^2 - 2$$

$$= 3 - 2$$

$$= 1$$

答　③

No.7

$x = a + \dfrac{1}{a}, \ y = a^3 + \dfrac{1}{a^3}$ より

$x^3 = a^3 + 3a^2 \cdot \dfrac{1}{a} + 3a \cdot \dfrac{1}{a^2} + \dfrac{1}{a^3}$

$\quad = a^3 + \dfrac{1}{a^3} + 3\left(a + \dfrac{1}{a}\right)$

$\quad = y + 3x \ となり \quad \therefore \quad y = x^3 - 3x$

答　④

No.8

$x = 1 + \sqrt{2}$ から

$\qquad x - 1 = \sqrt{2}$

$\quad (x - 1)^2 = 2 \quad \cdots(1)$

$x^3 - 2x^2 - x + 1$

$= x^3 - 2x^2 + x - 2x + 1$

$= x(x^2 - 2x + 1) - 2x + 1$

$= x(x - 1)^2 - 2x + 1$

(1)を代入

$= 2x - 2x + 1$

$= 1$

答　①

No.9

$A^2 - 2AB + B^2$

$= (A - B)^2$

$= \left\{\dfrac{1}{x} + y - \left(\dfrac{1}{x} - y\right)\right\}^2$

$= \left(\dfrac{1}{x} + y - \dfrac{1}{x} + y\right)^2$

$= 4y^2$

答　④

No.10

$x^2 - 4x + 3 = 0$ を因数分解すると

$\quad (x - 1)(x - 3) = 0$

$\qquad\qquad\qquad x = 1, \ 3$

したがって,

$\quad x = 1 - 2 = -1$

$\quad x = 3 - 2 = 1$

を2つの解とする2次方程式を作ればよい。

$\quad (x + 1)(x - 1) = 0$

$\quad \therefore \quad x^2 - 1 = 0$

答　⑤

No.11

$2x^2 - 3x - 2 = 0$

因数分解して

$\quad (2x + 1)(x - 2) = 0$

$\quad \therefore \quad x = -\dfrac{1}{2}, \ 2$

①　$-\dfrac{1}{2} + 2 = 1\dfrac{1}{2}$

②　$\dfrac{1}{4} + 4 = 4\dfrac{1}{4}$

③　$-\dfrac{1}{4} + (-4) = -4\dfrac{1}{4}$

④　-1

⑤　$\dfrac{1}{4} \times 4 = 1$

答　②

No.12

x^2 を $t \ (t > 0)$ と置くと, $2t^2 - 7t + 3 = 0$
と置き換えることができる。

$(2t - 1)(t - 3) = 0$

$\qquad\qquad t = \dfrac{1}{2}, \ 3$

したがって, $x = \pm\dfrac{1}{\sqrt{2}}, \ \pm\sqrt{3}$

答　②

No.13

$x^4 + 4x^2 + 2x - 8$

$= (x^2 - x - 6)(x^2 + x + 11) + 19x + 58$

$\quad x = 3$ のとき　　　115

$\quad x = -2$ のとき　　　20

答　③

No.14

因数分解する。

$$(与式) = x^3 + 3x^2 - x - 3 = 0$$
$$x^2(x + 3) - (x + 3) = 0$$
$$(x^2 - 1)(x + 3) = 0$$
$$(x + 1)(x - 1)(x + 3) = 0$$

よって，解は $x = -3, -1, 1$ の3つ

求めるのはこれらの和。よって，-3

答　⑤

No.15

異なる2つの解を，a と $a + 4$ とすると，
与式は

$$(x - a)\{x - (a + 4)\} = 0$$

と変形することができる。

よって，$3x^2 - 18x + 5m = 0$

$$x^2 - \frac{18}{3}x + \frac{5m}{3} = 0$$

$$x^2 - 6x + \frac{5m}{3}$$

$$= (x - a)\{x - (a + 4)\}$$

$$= x^2 - (2a + 4)x + a(a + 4)$$

これより，$2a + 4 = 6, \ a(a + 4) = \dfrac{5m}{3}$

$2a + 4 = 6$ より，$a = 1$

代入して，$\dfrac{5m}{3} = 1 \times (1 + 4)$

$$\frac{5m}{3} = 5$$

$$5m = 15$$

$$m = 3$$

答　③

No.16

$$
\begin{array}{r}
x^2 \qquad\quad - 1 \\
2x^2 - 6x + 5 \,\overline{)\, 2x^4 - 6x^3 + 3x^2 + 6x + 8} \\
\underline{2x^4 - 6x^3 + 5x^2} \\
-2x^2 + 6x + 8 \\
\underline{-2x^2 + 6x - 5} \\
13
\end{array}
$$

これより，

$$(与式) = (2x^2 - 6x + 5)(x^2 - 1) + 13$$

よって，$2x^2 - 6x + 5 = 0$ のとき，

$$(与式) = 13$$

答　④

No.17

元の整数の値は，$10x + y$

入れ替えた後は，$10y + x$

これより，

$$10x + y + (y - x)^3 = 10y + x$$
$$(y - x)^3 = 9y - 9x$$
$$(y - x)^3 = 9(y - x)$$
$$(y - x)^2 = 9$$

$x < y$ より，$y - x = 3$

答　③

No.18

求める2次方程式は

$$x^2 - \{(\alpha + 1) + (\beta + 1)\}x + (\alpha + 1)(\beta + 1) = 0 \quad \cdots(1)$$

$2x^2 + 4x + 1 = 0$ の解を α，β とすると，

$$\alpha + \beta = -2, \quad \alpha\beta = \frac{1}{2} \quad \cdots(2)$$

(2)を(1)に代入　$x^2 + \left(-\dfrac{1}{2}\right) = 0$

$$x^2 - \frac{1}{2} = 0$$

$$\therefore \quad 2x^2 - 1 = 0$$

答　④

— 7 —

No.19

α，β を解に持つ 2 次方程式は，
$$(x - \alpha)(x - \beta) = 0$$
で表される。
$$(x - \alpha)(x - \beta) = x^2 - (\alpha + \beta)x + \alpha\beta$$
解と係数の関係より，
$$\alpha + \beta = -4, \quad \alpha\beta = 6$$
である。

$\dfrac{\beta}{\alpha}$ と $\dfrac{\alpha}{\beta}$ を解に持つ 2 次方程式は，

$$\left(x - \frac{\beta}{\alpha}\right)\left(x - \frac{\alpha}{\beta}\right) = 0$$

$$x^2 - \left(\frac{\beta}{\alpha} + \frac{\alpha}{\beta}\right)x + \frac{\beta}{\alpha} \times \frac{\alpha}{\beta} = 0$$

$$x^2 - \left(\frac{\beta^2 + \alpha^2}{\alpha\beta}\right)x + 1 = 0$$

$$x^2 - \frac{(\alpha + \beta)^2 - 2\alpha\beta}{\alpha\beta}x + 1 = 0$$

値を代入して，

$$x^2 - \frac{(-4)^2 - 2(6)}{6}x + 1 = 0$$

$$x^2 - \frac{(16 - 12)}{6}x + 1 = 0$$

$$x^2 - \frac{2}{3}x + 1 = 0$$

答　④

No.20

解と係数の関係から
$$\alpha + \beta = \frac{2}{3}, \quad \alpha\beta = -2$$

(A) $\quad \alpha^2 + \beta^2 = (\alpha + \beta)^2 - 2\alpha\beta$

$$= \left(\frac{2}{3}\right)^2 - 2 \times (-2) = \frac{40}{9}$$

(B) $\quad \dfrac{\beta}{\alpha - 1} + \dfrac{\alpha}{\beta - 1}$

$$= \frac{\beta(\beta - 1) + \alpha(\alpha - 1)}{(\alpha - 1)(\beta - 1)}$$

$$= \frac{\alpha^2 + \beta^2 - (\alpha + \beta)}{\alpha\beta - (\alpha + \beta) + 1}$$

$$= \frac{\dfrac{40}{9} - \dfrac{2}{3}}{-2 - \dfrac{2}{3} + 1} = \frac{\dfrac{34}{9}}{-\dfrac{5}{3}} = -\frac{34}{15}$$

答　④

No.21

解と係数の関係より，$\alpha + \beta = -3$，$\alpha\beta = -1$
$$\alpha^4 + \beta^4 = (\alpha^2 + \beta^2)^2 - 2\alpha^2\beta^2$$
$$= \{(\alpha + \beta)^2 - 2\alpha\beta\}^2 - 2(\alpha\beta)^2$$
$$= \{(-3)^2 - 2(-1)\}^2 - 2(-1)^2$$
$$= 119$$

答　④

No.22

2 つの解が α，β の方程式は
$$(x - \alpha)(x - \beta) = 0$$
$$x^2 - (\alpha + \beta)x + \alpha\beta = 0$$
したがって
$ax^2 + bx + c = 0$ は
$$x^2 + \frac{b}{a}x + \frac{c}{a} = 0 \text{ なので}$$

$$\frac{b}{a} = -(\alpha + \beta) \quad \alpha + \beta = -\frac{b}{a}$$

$$\frac{c}{a} = \alpha\beta \quad \alpha\beta = \frac{c}{a}$$

この $\alpha + \beta$，$\alpha\beta$ を 2 つの解とする方程式は

$$\left(x - \left(-\frac{b}{a}\right)\right)\left(x - \frac{c}{a}\right) = 0$$

$$\left(x + \frac{b}{a}\right)\left(x - \frac{c}{a}\right) = 0$$

$$x^2 + \left(\frac{b}{a} - \frac{c}{a}\right)x - \frac{bc}{a^2} = 0$$

$$x^2 + \frac{b - c}{a}x - \frac{bc}{a^2} = 0$$

$$ax^2 + (b - c)x - \frac{bc}{a} = 0$$

答　④

No.23

求める 2 次方程式は
$$x^2 - (\alpha + \alpha^2 + \alpha^3 + \beta + \beta^2 + \beta^3)x + (\alpha$$
$$+ \alpha^2 + \alpha^3)(\beta + \beta^2 + \beta^3) = 0 \quad \cdots(1)$$
$x^2 + x + k = 0$ より
$$\left.\begin{array}{l} \alpha + \beta = -1 \\ \alpha\beta = k \end{array}\right\} \text{ より}$$
$$(\alpha + \beta)^2 - 2\alpha\beta = \alpha^2 + \beta^2$$
$$= 1 - 2k(\alpha + \beta)(\alpha^2 - \alpha\beta + \beta^2)$$
$$= \alpha^3 + \beta^3 = -1(1 - 2k - k) = 3k - 1$$
$$\therefore (\alpha + \alpha^2 + \alpha^3 + \beta + \beta^2 + \beta^3)$$
$$= -1 + 1 - 2k + 3k - 1 = k - 1 \quad \cdots(2)$$

また，$(\alpha + \alpha^2 + \alpha^3)(\beta + \beta^2 + \beta^3)$
$= \alpha\beta + \alpha\beta^2 + \alpha\beta^3 + \alpha^2\beta + \alpha^2\beta^2 +$
　$\alpha^2\beta^3 + \alpha^3\beta + \alpha^3\beta^2 + \alpha^3\beta^3$
$= \alpha\beta(1 + \beta + \alpha) + \alpha^2\beta^2(1 + \beta + \alpha)$
　$+ \alpha\beta(\beta^2 + \alpha^2 + \alpha^2\beta^2)$
ここで　$1 + \beta + \alpha = 0$ なので
$= \alpha\beta(\beta^2 + \alpha^2 + \alpha^2\beta^2)$
$= k(1 - 2k + k^2) = k(k-1)^2$　…(3)
(1)(2)(3)よりこの2次方程式は
　$x^2 - (k-1)x + k(k-1)^2 = 0$

答　④

No.24

$A + 2B + 2 = 0$
$x^2 + 1 + 2(x^2 + x - 2) + 2 = 0$
$3x^2 + 2x - 1 = 0$
$(3x - 1)(x + 1) = 0$
$x = \dfrac{1}{3},\ -1$

よって，
$x_1 + x_2 = \dfrac{1}{3} + (-1)$
$= -\dfrac{2}{3}$

答　①

No.25

判別式 $D > 0$ となればよい。
$D = \{-(k-3)\}^2 - 4 \cdot 1 \cdot (k+1)^2$
$= k^2 - 6k + 9 - 4k^2 - 8k - 4$
$= -3k^2 - 14k + 5 > 0$
$3k^2 + 14k - 5 < 0$
$(3k - 1)(k + 5) < 0$
$\therefore\ -5 < k < \dfrac{1}{3}$

答　①

第3章　関　数

（問題，本文18ページ）

No.1

$y = -x^2 + 4x + 3$
$= -(x^2 - 4x) + 3$
$= -\{(x-2)^2 - 4\} + 3$
$= -(x-2)^2 + 7$
このグラフは，頂点 $(2,\ 7)$ で，上に凸のグラフである。頂点が範囲に含まれているので，最大値は $y = 7$ である。
$x = -1$ を代入すると，
$y = -(-1 - 2)^2 + 7$
$= -2$
よって，$-2 < y < 7$

答　④

No.2

$y = -x^2 + 4x - 1$
$= -(x-2)^2 - 1 + 4$
$= -(x-2)^2 + 3$
よって，このグラフは $y = -x^2$ のグラフを x 軸方向に 2，y 軸方向に 3 平行移動したグラフである。

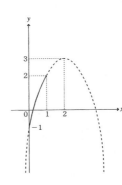

したがってこのグラフは左のようになる。
（x に範囲があるので，最大値，最小値はその範囲，つまりグラフの実線部のみを見る）
したがって
$x = 1$ のとき
最大値 2

答　②

No.3

$y = -x^2 - 2x + 2$
$= -(x+1)^2 + 3$
$0 \leqq x \leqq 2$ なので $x = 0$ のとき最大値 2

答　③

No.4

$y = x^2 - 6x + 3$

$\quad = (x - 3)^2 - 9 + 3$

$\quad = (x - 3)^2 - 6$

$\therefore \quad x = 3$ のとき，最小値 -6 をとる

答　①

No.5

x の範囲内に頂点が含まれる場合は，頂点が最大値または最小値となる。

$(与式) = \dfrac{1}{4} x^2 - x - 3$

$\quad = \dfrac{1}{4}(x^2 - 4x - 12)$

$\quad = \dfrac{1}{4}\{(x - 2)^2 - 4 - 12\}$

$\quad = \dfrac{1}{4}(x - 2)^2 - 4$

これより，頂点は（2，-4）

よって，$x = 2$ のとき最小値 -4

最大値は，$x = -3$ または $x = 4$ のとき。

$x = 4$ のとき，$y = \dfrac{1}{4}(4)^2 - 4 - 3 = -3$

$x = -3$ のとき，

$y = \dfrac{1}{4}(-3)^2 - (-3) - 3 = \dfrac{9}{4}$

よって，$x = -3$ のとき最大値 $\dfrac{9}{4}$

答　①

No.6

$y = x^2 - 2x + 5 = (x - 1)^2 + 4$ なので，この 2 次関数は，頂点(1，4)である。

したがって，与えられた x の範囲が頂点の x 座標よりも大きく，下に凸のグラフなので，$x = 2$ のとき最小値 5 となり，$x = 4$ のとき最大値 13 となる。

よって，最大値と最小値の差は，8 である。

答　②

No.7

$3x + y = 4$ より，$y = 4 - 3x$ を代入する。

$(与式) = 3x^2 + y^2$

$\quad = 3x^2 + (4 - 3x)^2$

$\quad = 12x^2 - 24x + 16$

$\quad = 12(x - 1)^2 + 4$

よって，最小値 $x = 1$ のとき，最小 4

答　③

No.8

$f(x) = -(x - 2m)^2 + m^2 - m$

$\therefore \quad q(m) = m^2 - m$

$\quad = \left(m - \dfrac{1}{2}\right)^2 - \dfrac{1}{4}$

$m = \dfrac{1}{2}$ のとき，$q(m)$ は最小

答　③

No.9

$y = ax^2 + 4x + a$ より

$y = a\left(x + \dfrac{2}{a}\right)^2 + a - \dfrac{4}{a}$ となり

$x = -\dfrac{2}{a}$ のとき最小値は $a - \dfrac{4}{a}$

なので

$a - \dfrac{4}{a} = 3$ より

$a^2 - 3a - 4 = 0$

$\therefore \quad a = 4, \ -1$

$a > 0$ より　$a = 4$

答　②

No.10

2 次関数を変形する。

①について，

$\quad y = 4x^2 - 16x + 7$

$\quad = 4(x^2 - 4x) + 7$

$\quad = 4(x - 2)^2 - 9$

これより，グラフの頂点は（2，-9）

②について，

$\quad y = 4x^2 - 16x + 7$

$\quad = (2x - 1)(2x - 7)$

これより，$x = \dfrac{1}{2}, \ \dfrac{7}{2}$ で x 軸と交わる。

③について，

定義域に頂点の座標が含まれていることに注意する。このグラフは下に凸のグラフなので，

頂点が最小値となる。よって，値域は $-9 \leq x \leq 7$ が正しい。よって，③が誤り。

④について，

x 軸対称に移動すると，頂点の y 座標の正負が逆転。よって頂点 $(2, 9)$ を通り上に凸のグラフになる。

$$y = -4(x - 2)^2 + 9$$
$$= -4x^2 + 16x - 7$$

⑤について，

定義域に頂点が含まれていないので，

$x = 4$ で最大値をとる。

答　③

No.11

① $y = x^2 + 6x + 8$
$\quad = (x + 4)(x + 2)$

これより，$x = -2, -4$ のとき x 軸と交わる。誤り。

② $y = x^2 + 6x + 8$
$\quad = (x + 3)^2 - 9 + 8$
$\quad = (x + 3)^2 - 1$

これより，頂点の座標は $(-3, -1)$。誤り。

③　正しい。y 軸との交点を y 切片という。

与式に $x = 0$ を代入して，$y = 8$。

④　x 軸方向に 2 または 4 だけ移動すればよい。

2 だけ移動すると，

$$y = (x - 2)^2 + 6(x - 2) + 8$$
$$= x^2 + 2x$$

4 だけ移動すると，

$$y = (x - 4)^2 + 6(x - 4) + 8$$
$$= x^2 - 2x$$

$y = x^2 + 6x$ のグラフは，与式を y 軸方向に -8 移動して原点を通るようにしたグラフ。誤り。

⑤　②で頂点 $(-3, -1)$ の下に凸のグラフと分かるので $-8 \leq x \leq -5$ では

$x = -5$ のとき最小となる。

代入して，

$$y = (-5)^2 + 6(-5) + 8$$
$$= 25 - 30 + 8$$
$$= 3$$

これより，この定義域における最小値は 3 で

ある。誤り。

答　③

No.12

頂点が (a, β) である 2 次関数の式は，

$$y = a(x - a)^2 + \beta \quad (a は定数)$$

これに条件を代入していく。

頂点の x 座標が 3 であるから，$a = 3$

これより，$y = a(x - 3)^2 + \beta$ となる。

1)　原点を通る

$x = 0, y = 0$ を代入すると

$$0 = a(0 - 3)^2 + \beta$$

$$-9a = \beta \quad a = -\frac{\beta}{9}$$

2)　点 $(9, 9)$ を通る

$x = 9, y = 9$ を代入すると，

$$9 = a(9 - 3)^2 + \beta$$
$$9 = 36a + \beta$$

得られた 2 式を連立して a を消去。

$$9 = 36\left(-\frac{\beta}{9}\right) + \beta$$
$$9 = -4\beta + \beta$$
$$\beta = -3$$

答　⑤

No.13

式を変形して，頂点の座標を求める。頂点がどれだけ移動したかを考える。

移動前

$$y = -x^2 - 4x + 1$$
$$= -(x^2 + 4x) + 1$$
$$= -\{(x + 2)^2 - 4\} + 1$$
$$= -(x + 2)^2 + 5 \quad 頂点 (-2, 5)$$

移動後

$$y = -x^2 + 12x - 25$$
$$= -(x^2 - 12x) - 25$$
$$= -\{(x - 6)^2 - 36\} - 25$$
$$= -(x - 6)^2 + 11 \quad 頂点 (6, 11)$$

これより，x 軸方向に $6 - (-2) = 8$

y 軸方向に $11 - 5 = 6$ だけ移動した。

答　②

No.14

頂点を求める。

$$y = \frac{x^2}{3} - 3x + \frac{23}{4}$$

$$= \frac{1}{3}(x^2 - 9x) + \frac{23}{4}$$

$$= \frac{1}{3}\left\{\left(x - \frac{9}{2}\right)^2 - \frac{81}{4}\right\} + \frac{23}{4}$$

$$= \frac{1}{3}\left(x - \frac{9}{2}\right)^2 - 1$$

よって，x 軸方向に移動したあとの頂点が $\left(\dfrac{9}{2},\ -1\right)$ となればよい。すなわち，移動前の頂点の y 座標が -1 のグラフが答え。

① $y = \dfrac{x^2}{3} + 2x + 2$

$$= \frac{1}{3}(x^2 + 6x) + 2$$

$$= \frac{1}{3}\{(x + 3)^2 - 9\} + 2$$

$$= \frac{1}{3}(x + 3)^2 - 1$$

これより，①のグラフの頂点は $(-3,\ -1)$ このグラフは移動後に重なる。

②の頂点は $\left(\dfrac{9}{2},\ 5\right)$，③は $\left(-3,\ -\dfrac{1}{3}\right)$，

④は $(-3,\ 1)$，⑤は $\left(\dfrac{9}{2},\ -\dfrac{7}{4}\right)$

答　①

No.15

与式を x の2次関数として変形し，頂点の座標を求める。

$$Z = x^2 + 2xy + 2y^2 - 8y + 18$$

$$= (x^2 + 2xy + y^2) + y^2 - 8y + 18$$

$$= (x + y)^2 + y^2 - 8y + 18$$

Z の頂点は $x = -y$ のとき，

$$Z = y^2 - 8y + 18$$

$y^2 - 8y + 18$ が Z の最小値となるので，『最小値の最小値』を求める。

$$A = y^2 - 8y + 18$$

$$= \{(y - 4)^2 - 16\} + 18$$

$$= (y - 4)^2 + 2$$

A の最小値は $y = 4$ のとき A $= 2$

これが Z の真の最小値である。

答　③

No.16

それぞれ式を変形すると，

$$4y - 3x - 8 = 0$$

$$y = \frac{3}{4}x + 2$$

$$2y + x - 2 = 0$$

$$y = -\frac{1}{2}x + 1$$

$$2y - ax - 8 = 0$$

$$y = \frac{a}{2}x + 4$$

三角形を作らないのは

(1)　2式が平行＝傾きが同じとき

$\dfrac{a}{2} = \dfrac{3}{4}$ より，$a = \dfrac{3}{2}$

$\dfrac{a}{2} = -\dfrac{1}{2}$ より，$a = -1$

(2)　3式が1点で交わるとき

$4y - 3x - 8 = 0$ と $2y + x - 2 = 0$ を連立して交点の座標を求めると，

$\left(-\dfrac{4}{5},\ \dfrac{7}{5}\right)$ となる。

$2y - ax - 8 = 0$ がこの点を通るときの a の値を求める。

$\left(-\dfrac{4}{5},\ \dfrac{7}{5}\right)$ を代入すると，

$$2 \times \frac{7}{5} - a\left(-\frac{4}{5}\right) - 8 = 0$$

これより，$a = \dfrac{13}{2}$

(1)(2)より，$a = -1,\ \dfrac{3}{2},\ \dfrac{13}{2}$

答　②

第4章　関数のグラフと方程式・不等式

（問題，本文22ページ）

No.1

2つの直線の傾きの積が－1のとき，2つの直線は垂直に交わる。

したがって，

$$2 \times \left(-\frac{1}{2}\right) = -1$$

$$\therefore \ y = -\frac{1}{2}x + 1$$

答　③

No.2

$2x + 5 = x^2 - x + 1$ より，

$$x^2 - 3x - 4 = 0$$

$$(x - 4)(x + 1) = 0$$

$$\therefore \ x = -1, \ 4$$

よって，交点は $(-1, \ 3)(4, \ 13)$ なので，大きい値の y 座標は 13 である。

答　④

No.3

2点を結ぶ直線の傾きを考える

$$\frac{a - 1}{5 - (-1)} = \frac{3 - 1}{2 - (-1)} = \frac{2}{3} \text{より} \quad a = 5$$

答　③

No.4

2点 $(-2, \ 1)(0, \ -2)$ を通る直線の式は

$$y = -\frac{3}{2}x - 2$$

これが $(4, \ k)$ を通るので

$$k = -\frac{3}{2} \times 4 - 2$$

$$= -8$$

答　⑤

No.5

$$x^2 - (x + 1)^2 - (x + 2)^2$$

$$= x^2 - (x^2 + 2x + 1) - (x^2 + 4x + 4)$$

$$= -x^2 - 6x - 5$$

$$= -(x^2 + 6x + 5)$$

$$= -(x + 5)(x + 1)$$

よって，$x = -1, -5$ で x 軸と交わる。

答　①

No.6

$x^2 + 3x + 3 = mx + 2$ より

$$x^2 + (3 - m)x + 1 = 0$$

$D = 0$ より　$m = 1, \ 5$

答　②

No.7

判別式 $D = b^2 - 4ac$ を用いる。

2式を連立して y を消去。

$$x^2 + x + 1 = ax$$

$$x^2 + (1 - a)x + 1 = 0$$

判別式に代入して，

$$D = (1 - a)^2 - 4 \times 1 \times 1$$

$$= 1 - 2a + a^2 - 4$$

$$= a^2 - 2a - 3$$

2式が接するとき，$D = 0$ となるので，

$$a^2 - 2a - 3 = 0$$

$$(a + 1)(a - 3) = 0$$

これより，$a = -1, \ 3$ の2つ。

よって，$a = 3$

答　⑤

No.8

2式を1つにすると，

$$x^2 + 3x + k = x - k$$

$$x^2 + 2x + 2k = 0$$

2式が異なる2つの共有点を持つとき，
判別式 D＞0 となる。
これより，

$$D = (2)^2 - 4 \times 1 \times (2k) > 0$$

$$4 - 8k > 0$$

$$8k < 4$$

$$k < \frac{1}{2}$$

答 ②

No.9

この2次方程式が実数解を持つとき，判別式
D≧0になる。
よって，$(2k-1)^2 - 4(k^2 - 3k^2 - 1) \geqq 0$
から

$$k \geqq -\frac{5}{8}$$

答 ④

No.10

問題の条件は「異なる2つの正の実数解を持つ」ので，

D＞0
軸＞0
$f(0) > 0$

の3つの条件を満たせばよい。
まず，D＞0から，$b^2 - 4ac > 0$
次に，$f(x) = ax^2 + bx + c$ を式変形すると

$$f(x) = a\left(x + \frac{b}{2a}\right)^2 - \frac{b^2}{4a} + c$$

となり，軸＞0になるためには，$\frac{b}{2a} < 0$
また，$f(0) = c$ より，$c > 0$
したがって，求める条件は

$$b^2 - 4ac > 0, \quad \frac{b}{2a} < 0, \quad c > 0$$

答 ②

No.11

放物線と接する直線（接線）が x 軸と平行になるのは，放物線の頂点で接するとき。
頂点の座標を求める。

$$y = x^2 + 4x + 1$$
$$= (x + 2)^2 - 4 + 1$$
$$= (x + 2)^2 - 3$$

これより，頂点の座標は $(-2, -3)$ となる。
よって，接点の座標は $(-2, -3)$

答 ②

No.12

$y = x^2 + 2ax + b$ が $(2, 2)$ を通るので
$$4 + 4a + b = 2 \quad \cdots\cdots(1)$$
頂点は $y = (x + a)^2 + b - a^2$ より
$(-a, b - a^2)$ である
これが直線 $2x - 3y + 1 = 0$ 上にあるので
$$-2a - 3(b - a^2) + 1 = 0 \quad \cdots\cdots(2)$$
(1)(2)を解いて

$$(a, b) = (-1, 2), \left(-\frac{7}{3}, \frac{22}{3}\right)$$

解答を満たすのは $(-1, 2)$ である。

答 ④

No.13

$y = ax^2 + bx + c$ は，上に凸のグラフなので，
$a < 0$ である。 $\cdots(1)$
次に頂点の座標について考える。

$$y = ax^2 + bx + c$$
$$= a\left(x^2 + \frac{b}{a}x\right) + c$$
$$= a\left\{\left(x + \frac{b}{2a}\right)^2 - \frac{b^2}{4a^2}\right\} + c$$
$$= a\left(x + \frac{b}{2a}\right)^2 - \frac{b^2}{4a} + c$$

これより，頂点の座標は，$\left(-\frac{b}{2a}, -\frac{b^2}{4a} + c\right)$
である。
グラフより，頂点の x 座標は負の値を取る。

$$-\frac{b}{2a} < 0$$

$a < 0$ なので，$b < 0$ でなければならない。
$\cdots(2)$
グラフの y 切片の y 座標は c となる。

これより，$c > 0$ である。…(3)

以上より，④が正しい。

答　④

No.14

$y = -x + 3$ のグラフより下。

$y = \dfrac{1}{2}x + 1$ のグラフより下。

$y > 0$ は x 軸より上。

以上を満たすのは，カとキ。

答　③

No.15

$2y - x - 1 \leqq 0$

$\qquad 2y \leqq x + 1$

$\qquad\qquad y \leqq \dfrac{1}{2}x + \dfrac{1}{2}$

これより，直線の下が範囲となる。

また，右上がりのグラフになるので，④，⑤は不適切。

放物線について，

$y \geqq 3x^2 - 12x - 15$ より，放物線の上が範囲となる。

これより，正しいのは②。

答　②

No.16

放物線のグラフの頂点を求める。

$\begin{aligned} y &= -x^2 + 2x + 10 \\ &= -(x^2 - 2x) + 10 \\ &= -\{(x - 1)^2 - 1\} + 10 \\ &= -(x - 1)^2 + 11 \end{aligned}$

これより，頂点の座標は $(1, 11)$ となるので，答えは①〜③に限られる。

不等号より，

$y \leqq -x^2 + 2x + 10$ より，満たす座標は放物線の下側。

$y \geqq \dfrac{1}{2}x + 2$ より，満たす座標は右上がりの直線の上側。

$y \geqq -\dfrac{1}{2}x + 2$ より，満たす座標は右下がりの直線の上側。

これをすべて満たす領域が斜線部になる。

答　②

No.17

$3.6x + 6y = 18$

$ab = \sqrt{5^2 + 3^2} = \sqrt{34}$

答　③

No.18

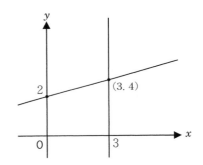

座標は上の図の通り。台形と考えて面積を求めると，

$\begin{aligned} S &= \dfrac{1}{2} \times (2 + 4) \times 3 \\ &= 9 \end{aligned}$

答　④

No.19

辺 AD は $a + a = 2a$，辺 AB は $2a^2$ となる。

よって，四角形 ABCD の面積は，

$2a \times 2a^2 = 4a^3$

答　②

No.20

直線 ℓ のグラフの式は，

$y = -x + 6$

となる。これより，

点 P の座標を $(p, -p + 6)$ とする。

三角形 OAP の面積は，辺 OA を底辺とみな

すと，点 P の y 座標が高さになる。
よって，

$$S_{\triangle OAP} = \frac{1}{2} \times OA \times (-p + 6)$$

$$9 = \frac{1}{2} \times 6 \times (-p + 6)$$

$$9 = -3p + 18$$

$$p = 3$$

これより，点 P の座標は（3，3）となる。
これは放物線 $y = ax^2$ を満たすから，

$$3 = a \times (3)^2$$

$$a = \frac{1}{3}$$

答　②

No.21

原点 O から円の中心までの距離を A とすると，求める面積は
$\pi (A + 1)^2 - \pi (A - 1)^2$ となる。

$$\pi (A + 1)^2 - \pi (A - 1)^2 = 20\pi$$
$$(A + 1)^2 - (A - 1)^2 = 20$$
$$\{(A + 1) + (A - 1)\}\{(A + 1) - (A - 1)\} = 20$$

これより，$4A = 20$
$$A = 5$$

原点 O と円の中心，点（P，0）は直角三角形を作るので，
三平方の定理より，

$$5^2 = 4^2 + P^2$$
$$25 = 16 + P^2$$
$$P^2 = 9$$

P ＞ 0 より，P ＝ 3

答　②

No.22

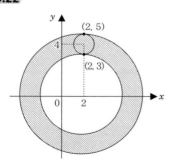

求める面積は斜線部分。
円 A の半径が 1 であるから，円 A と大きい円が接する座標は（2，5），円 A と小さい円が接する座標は（2，3）である。
よって（半径 5 の円の面積）−（半径 3 の円の面積）を求める。

$$5 \times 5 \times \pi - 3 \times 3 \times \pi$$
$$= 25\pi - 9\pi$$
$$= 16\pi$$

答　③

No.23

線分 OA と線分 O'B は平行になるので，△PAO と△PBO' は相似な三角形である。
よって，PA：PB ＝ OA：O'B
$$= 4：2$$
$$= 2：1$$

△PAO について，三平方の定理より，
$$OP^2 = PA^2 + OA^2$$
$$a^2 = PA^2 + (4)^2$$
$$PA = \sqrt{a^2 - 16}$$

△PBO' について，三平方の定理より，
$$O'P^2 = PB^2 + O'B^2$$
$$(a - 6)^2 = PB^2 + (2)^2$$

これより，PB ＝ $\sqrt{a^2 - 12a + 32}$
PA：PB ＝ 2：1 より，
$$\sqrt{a^2 - 16}：\sqrt{a^2 - 12a + 32} = 2：1$$
$$2\sqrt{a^2 - 12a + 32} = \sqrt{a^2 - 16}$$

2乗して，
$$4(a^2 - 12a + 32) = a^2 - 16$$
$$3a^2 - 48a + 144 = 0$$
$$a^2 - 16a + 48 = 0$$
$$(a - 12)(a - 4) = 0$$

よって，$a = 4$，12
図のように接線 AB が取られているので，当てはまるのは $a = 12$

答　②

No.24

$-3x^2 + 7x - 3 \geqq 0$ より

$3x^2 - 7x + 3 \leqq 0$

$\therefore \quad \dfrac{7 - \sqrt{13}}{6} \leqq x \leqq \dfrac{7 + \sqrt{13}}{6}$

答　⑤

No.25

$$x^2 + 9x - 10 > 0$$
$$x^2 + \{10 + (-1)\}\,x + \{10 \times (-1)\} > 0$$
$$(x + 10)(x - 1) > 0$$

$x < -10,\ 1 < x$

答　①

No.26

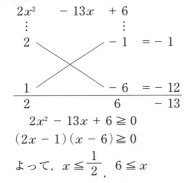

$2x^2 - 13x + 6 \geqq 0$

$(2x - 1)(x - 6) \geqq 0$

よって, $x \leqq \dfrac{1}{2},\ 6 \leqq x$

答　②

No.27

(i)　$a = 0$ のときはどんな x の値に対しても左辺は 1 となり成立。

(ii)　$a \neq 0$ のときは $a > 0$ で $D < 0$ より

$0 < a < \dfrac{1}{3}$

(i)(ii)より　$0 \leqq a < \dfrac{1}{3}$

答　③

No.28

それぞれの範囲を求める。

$$x^2 - 3x - 10 \leqq 0$$
$$x^2 + \{2 + (-5)\}\,x + \{2 \times (-5)\} \leqq 0$$
$$(x + 2)(x - 5) \leqq 0$$
$$-2 \leqq x \leqq 5 \quad \cdots(1)$$
$$x^2 - 7x - 8 \geqq 0$$
$$x^2 + \{1 + (-8)\}\,x + \{1 \times (-8)\} \geqq 0$$
$$(x + 1)(x - 8) \geqq 0$$
$$x \leqq -1,\ 8 \leqq x \quad \cdots(2)$$

(1), (2)を数直線上に表すと,

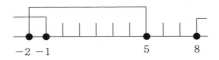

これより 2 つを満たすのは

$-2 \leqq x \leqq -1$

答　⑤

No.29

それぞれ解を求める。

$$4x^2 + 8x \geqq 0$$
$$4(x^2 + 2x) \geqq 0$$
$$4x(x + 2) \geqq 0$$

よって, $x \leqq -2,\ 0 \leqq x \quad \cdots(1)$

$$\dfrac{x^2}{2} + \dfrac{x}{2} - 6 < 0$$

$$\dfrac{1}{2}(x^2 + x - 12) < 0$$

$$\dfrac{1}{2}(x + 4)(x - 3) < 0$$

よって, $-4 < x < 3 \quad \cdots(2)$

得られた解の範囲(1), (2)を数直線上に表すと,

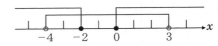

これより, 両方を同時に満たすのは,

$-4 < x \leqq -2,\ 0 \leqq x < 3$

答　④

No.30

絶対値のついている不等式は，場合分けをして絶対値をはずしてから解く。

1）$x \geqq 0$ のとき，$x^2 - x - 20 < 0$

　よって，$(x - 5)(x + 4) < 0$ より，

　$-4 < x < 5$

　$x \geqq 0$ なので，$0 \leqq x < 5$

2）$x < 0$ のとき，$|x| = -x$ なので，

　$x^2 + x - 20 < 0$

　よって，$(x + 5)(x - 4) < 0$ より，

　$-5 < x < 4$

　$x < 0$ なので，$-5 < x < 0$

1），2）より，$-5 < x < 5$

答　②

No.31

$f(x) = ax^2 + bx + 4$ とおくと，$f(x) < 0$ の解が $x < -1, 2 < x$ となるので，$y = f(x)$ のグラフが，$x < -1, 2 < x$ のときに x 軸より下方にあるということになる。

したがって，このグラフは上に凸のグラフになるので，

　$a < 0$

また，2点 $(-1, 0)$，$(2, 0)$ を通るので

　$0 = a - b + 4$

　$0 = 4a + 2b + 4$

これを解くと

　$a = -2$（$a < 0$ を満たす），$b = 2$

答　①

No.32

式を変形して，当てはまる領域を考える。

与式：$x^2 - 2x - 4y + 3 \leqq 0$

　$4y \geqq x^2 - 2x + 3$

　$y \geqq \dfrac{1}{4} x^2 - \dfrac{1}{2} x + \dfrac{3}{4}$

　$y \geqq \dfrac{1}{4}(x^2 - 2x) + \dfrac{3}{4}$

　$y \geqq \dfrac{1}{4}(x - 1)^2 + \dfrac{1}{2}$　…斜線部

このグラフより上（斜線部）に含まれているものを選ぶ。

A式：$4x^2 - 12x + 4y - 21 \geqq 0$

　$4y \geqq -4x^2 + 12x + 21$

　$y \geqq -x^2 + 3x + \dfrac{21}{4}$

　$y \geqq -\left(x - \dfrac{3}{2}\right)^2 + \dfrac{30}{4}$

与式の範囲を満たさないときがある。

B式：$x^2 + y^2 - 8x - 14y + 64 \leqq 0$

　$(x^2 - 8x) + (y^2 - 14y) + 64 \leqq 0$

$(x - 4)^2 - 16 + (y - 7)^2 - 49 + 64 \leqq 0$

　$(x - 4)^2 + (y - 7)^2 \leqq 1$

B式の範囲は，与式を満たす。

C式：$2y - x + 4 \geqq 0$

　$2y \geqq x - 4$

　$y \geqq \dfrac{1}{2} x - 2$

与式の範囲を満たさないときがある。

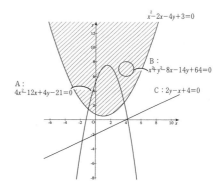

これより，与式を必ず満たすのは，B式のみ。

答　③

No.33

$x + y < z$　…(1)

$y^2 = xz$　…(2)

(2)より $z = \dfrac{y^2}{x}$　(1)に代入して

$x + y < \dfrac{y^2}{x}$

$x^2 + xy < y^2$

$\left(\dfrac{x}{y}\right)^2 + \dfrac{x}{y} < 1$ より

$\left(\dfrac{x}{y}\right)^2 + \dfrac{x}{y} - 1 < 0$

$\dfrac{x}{y} = k$ として

$k^2 + k - 1 < 0$ となりこれを解いて

$\dfrac{-1-\sqrt{5}}{2} < k < \dfrac{-1+\sqrt{5}}{2}$

$\therefore\ \dfrac{-1-\sqrt{5}}{2} < \dfrac{x}{y} < \dfrac{-1+\sqrt{5}}{2}$

$\dfrac{x}{y} > 0$ なので

$\therefore\ 0 < \dfrac{x}{y} < \dfrac{-1+\sqrt{5}}{2}$

答　③

第5章　三角比

（問題，本文33ページ）

No.1

		$\tan\theta$	$\sin\theta$	$\cos\theta$
①	0°	0	0	1
②	30°	$\dfrac{1}{\sqrt{3}}$	$\dfrac{1}{2}$	$\dfrac{\sqrt{3}}{2}$
③	60°	$\sqrt{3}$	$\dfrac{\sqrt{3}}{2}$	$\dfrac{1}{2}$
④	120°	$-\sqrt{3}$	$\dfrac{\sqrt{3}}{2}$	$-\dfrac{1}{2}$
⑤	180°	0	0	-1

これより，当てはまるのは④

※ $\tan\theta < 0$, $\cos\theta < 0$, $\sin\theta > 0$ となるのは，$90° < \theta < 180°$ であることから判断できる。

答　④

No.2

① $\sin(-\theta) = -\sin\theta$

② $\cos(180° - \theta) = -\cos\theta$

③ $\cos(-\theta) = \cos\theta$

④ $\tan(180° - \theta) = -\tan\theta$　…正しい。

⑤ $\tan\theta = -\tan(-\theta)$

答　④

No.3

$\sin^2\theta + \cos^2\theta = 1$　であるから，

これに $\sin\theta = \dfrac{3}{5}$ を代入する。

$\left(\dfrac{3}{5}\right)^2 + \cos^2\theta = 1$

$\cos^2\theta = \dfrac{16}{25}$

$\cos\theta = \pm\dfrac{4}{5}$

$0° < \theta < 90°$ であることから，$\cos\theta > 0$ である。

これより，$\cos\theta = \dfrac{4}{5}$

答　②

No.4

$\sin^2\theta + \cos^2\theta = 1$ より

$\cos^2\theta = 1 - \sin^2\theta$

$= 1 - \left(\dfrac{2}{3}\right)^2 = \dfrac{5}{9}$

したがって $\cos\theta = \pm\dfrac{\sqrt{5}}{3}$

$0° < \theta < 90°$ なので $\cos\theta > 0$

$\therefore \cos\theta = \dfrac{\sqrt{5}}{3}$

$\tan\theta = \dfrac{\sin\theta}{\cos\theta} = \sin\theta \div \cos\theta$ より

$\tan\theta = \dfrac{2}{3} \div \dfrac{\sqrt{5}}{3}$

$= \dfrac{2 \times \cancel{3}}{\cancel{3} \times \sqrt{5}} = \dfrac{2}{\sqrt{5}} = \dfrac{2\sqrt{5}}{5}$

答 ④

No.5

$\sin^2\theta + \cos^2\theta = 1$ より,

$\sin^2\theta + \left(\dfrac{1}{4}\right)^2 = 1$

$\sin^2\theta = 1 - \left(\dfrac{1}{4}\right)^2$

$\sin^2\theta = 1 - \dfrac{1}{16}$

$= \dfrac{15}{16}$

$\sin\theta = \pm\dfrac{\sqrt{15}}{4}$

$0° < \theta < 90°$ より, $\sin\theta > 0$

よって, $\sin\theta = \dfrac{\sqrt{15}}{4}$

答 ⑤

No.6

$1 + \tan^2\theta = \dfrac{1}{\cos^2\theta}$ に代入して,

$1 + \tan^2\theta = \dfrac{1}{\left(\dfrac{12}{13}\right)^2}$

$1 + \tan^2\theta = \left(\dfrac{13}{12}\right)^2$

$\tan^2\theta = \dfrac{169}{144} - 1$

$\tan^2\theta = \dfrac{25}{144}$

$\tan\theta = \pm\dfrac{5}{12}$

$0° < \theta < 90°$ より, $\tan\theta > 0$

よって, $\tan\theta = \dfrac{5}{12}$

答 ③

No.7

$\sin^2\theta + \cos^2\theta = 1$ より,

$\sin^2\theta = 1 - \cos^2\theta$ を代入する。

$2\sin^2\theta - \cos\theta - 1 = 0$

$2(1 - \cos^2\theta) - \cos\theta - 1 = 0$

$2 - 2\cos^2\theta - \cos\theta - 1 = 0$

$2\cos^2\theta + \cos\theta - 1 = 0$

$(2\cos\theta - 1)(\cos\theta + 1) = 0$

よって, $\cos\theta = -1,\ \dfrac{1}{2}$

これより, $\cos\theta = \dfrac{1}{2}$ のとき, $\theta = 60°$

$\cos\theta = -1$ のとき, $\theta = 180°$

答 ④

No.8

与式の両辺を2乗する。

$\sin\theta + \cos\theta = \dfrac{3}{5}$

$(\sin\theta + \cos\theta)^2 = \dfrac{9}{25}$

$\sin^2\theta + 2\sin\theta\cos\theta + \cos^2\theta = \dfrac{9}{25}$

$\sin^2\theta + \cos^2\theta = 1$ より,

$1 + 2\sin\theta\cos\theta = \dfrac{9}{25}$

$2\sin\theta\cos\theta = -\dfrac{16}{25}$

$\sin\theta\cos\theta = -\dfrac{8}{25}$

答 ①

No.9

$$\sqrt{3}x - 3y - 2 = 0$$
$$3y = \sqrt{3}x - 2$$
$$y = \frac{\sqrt{3}}{3}x - \frac{2}{3}$$
$$= \frac{1}{\sqrt{3}}x - \frac{2}{3}$$

これより，$\tan\theta = \dfrac{1}{\sqrt{3}}$ となるので，

$\theta = 30°$

答　①

No.10

$\sin^2\theta + \cos^2\theta = 1$ を使う。

$$(与式) = \frac{\cos\theta}{1 - \sin\theta} + \frac{\cos\theta}{1 + \sin\theta}$$
$$= \frac{\cos\theta(1 + \sin\theta) + \cos\theta(1 - \sin\theta)}{(1 - \sin\theta)(1 + \sin\theta)}$$
$$= \frac{\cos\theta + \sin\theta\cos\theta + \cos\theta - \sin\theta\cos\theta}{1 - \sin^2\theta}$$
$$= \frac{2\cos\theta}{1 - \sin^2\theta}$$

$\sin^2\theta + \cos^2\theta = 1$ より，
$1 - \sin^2\theta = \cos^2\theta$ なので

$$= \frac{2\cos\theta}{\cos^2\theta}$$
$$= \frac{2}{\cos\theta}$$

答　④

No.11

$$\frac{(\sin\theta + \cos\theta + 1)(\sin\theta + \cos\theta - 1)}{(1 + \sin\theta)(1 - \sin\theta)}$$
$$= \frac{(\sin\theta + \cos\theta)^2 - 1}{1 - \sin^2\theta}$$
$$= \frac{\sin^2\theta + \cos^2\theta + 2\sin\theta\cos\theta - 1}{\cos^2\theta}$$
$$= \frac{2\sin\theta\cos\theta}{\cos^2\theta}$$
$$= \frac{2\sin\theta}{\cos\theta}$$

$$= 2\tan\theta$$

答　⑤

No.12

$$\sin^3\theta - \cos^3\theta = (\sin\theta - \cos\theta)$$
$$(\sin^2\theta + \sin\theta\cos\theta + \cos^2\theta) \cdots(1)$$
$$(\sin\theta - \cos\theta)^2$$
$$= \sin^2\theta + \cos^2\theta - 2\sin\theta\cos\theta$$
$$\therefore \sin\theta\cos\theta$$
$$= \frac{\sin^2\theta + \cos^2\theta - (\sin\theta - \cos\theta)^2}{2}$$
$$= \frac{1 - \dfrac{1}{4}}{2} = \frac{3}{8} \cdots(2)$$

(2)の値を(1)に代入

与式より $\sin\theta - \cos\theta = \dfrac{1}{2}$
なので

$$\sin^3\theta - \cos^3\theta = \frac{1}{2}\left(1 + \frac{3}{8}\right) = \frac{11}{16}$$

答　⑤

No.13

$$y = \sin^2\theta + \sin\theta + 2\cos^2\theta + 3$$
$$= \sin^2\theta + \sin\theta + 2(1 - \sin^2\theta) + 3$$
$$= -\sin^2\theta + \sin\theta + 5$$

$\sin\theta = t$ とおくと，
$$y = -t^2 + t + 5$$
$$= -\left(t - \frac{1}{2}\right)^2 + \frac{21}{4}$$

$0° < \theta < 90°$ より，

$0 < t < 1$ なので，$t = \dfrac{1}{2}$ のとき最大値 $\dfrac{21}{4}$

答　⑤

No.14

体積＝底面×水平面からの高さ
辺 DH と水平面が60°の角をなすので，

高さは $DH \times \sin60° = \dfrac{3\sqrt{3}}{2}$

よって，体積 $= 3 \times 3 \times \dfrac{3\sqrt{3}}{2}$

$$= \dfrac{27\sqrt{3}}{2}$$

答　②

No.15

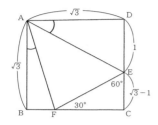

$\tan 15° = 2 - \sqrt{3}$ であるから

$\begin{aligned} \text{BF} &= (2 - \sqrt{3}) \times \sqrt{3} \\ &= 2\sqrt{3} - 3 \end{aligned}$

$\begin{aligned} \therefore \quad \text{FC} &= \sqrt{3} - (2\sqrt{3} - 3) \\ &= 3 - \sqrt{3} \end{aligned}$

$\text{EC} = \sqrt{3} - 1$ だから

$\text{EC} \times \sqrt{3} = \text{FC}$ となっている。

つまり△EFC は 90°，30°，60° の直角三角形である。

上図のようになり EF は直角三角形 EFC の斜辺なので，$2(\sqrt{3} - 1) = 2\sqrt{3} - 2$ となる。

答　①

No.16

一般的に，三角形の面積は，1 つの角 A とそれを挟む辺 b, c により求めることができる。

$$S = \dfrac{1}{2} \times b \times c \times \sin A$$

よって，

$$S = \dfrac{1}{2} \times 10 \times 4 \times \sin 30° = 10 \, [\text{cm}^2]$$

答　④

No.17

余弦定理より，

$$\cos 60° = \dfrac{\text{AB}^2 + \text{BC}^2 - \text{AC}^2}{2 \times \text{AB} \times \text{BC}}$$

代入して，

$$\dfrac{1}{2} = \dfrac{\text{AB}^2 + 2^2 - (2\sqrt{13})^2}{2 \times \text{AB} \times 2}$$

$$\dfrac{1}{2} \times 4 \times \text{AB} = \text{AB}^2 + 2^2 - (2\sqrt{13})^2$$

$$2\,\text{AB} = \text{AB}^2 - 48$$

$$\text{AB}^2 - 2\,\text{AB} - 48 = 0$$

$$(\text{AB} - 8)(\text{AB} + 6) = 0$$

AB は正なので，AB $= 8$

答　④

No.18

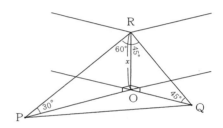

ビルの高さ（図中の OR）を x とする。

$\angle \text{RPO} = 30°$，$\angle \text{ROP} = 90°$ より

$\angle \text{ORP} = 60°$

$\angle \text{RQO} = 45°$，$\angle \text{ROQ} = 90°$ より

$\angle \text{ORQ} = 45°$

したがって

$\text{OP} = x \tan 60° = \sqrt{3}x$

$\text{OQ} = x \tan 45° = x$

△OPQ は直角三角形なので，

$$x^2 + (\sqrt{3}x)^2 = 40^2 = 1600$$

$$4x^2 = 1600$$

$$x^2 = 400$$

$x > 0$ より　$x = 20$

答　④

No.19

Q 点における仰角が 45° であることから，Q 点からビルまでの距離とビルの高さは等しいことがわかる。

ビルの高さを x m とすると，

$$\tan 33° = \frac{x}{(PQ + x)}$$

$$= \frac{x}{(25 + x)}$$

$$(25 + x)\tan 33° = x$$

$$25\tan 33° = (1 - \tan 33°)x$$

$$x = \frac{25\tan 33°}{1 - \tan 33°}$$

$\tan 33° = 0.6494$ より，

$$x = \frac{25 \times 0.6494}{0.3506}$$

$$\fallingdotseq 46.306 \, [m]$$

答　②

第6章　数　列

（問題，本文 40 ページ）

A. 数列

No.1

初項 2，公比 3 の等比数列である。その一般項は $a_n = 2 \cdot 3^{n-1}$ である。

よって，第 5 項と第 6 項の差は，

$$2 \cdot 3^{6-1} - 2 \cdot 3^{5-1} = 486 - 162 = 324$$

答　③

No.2

初項 a，公差 d とすると

第 5 項が 77 なので　$a + 4d = 77$

第 15 項が 57 なので　$a + 14d = 57$

これを解くと $a = 85$，$d = -2$

したがってこの数列は初項 85，公差 -2 の等差数列になり，

一般項 a_n は

$$a_n = 85 + (n - 1) \times (-2)$$

$$= -2n + 87$$

$a_n = 33$ なので

$$-2n + 87 = 33$$

$$-2n = -54$$

$$\therefore \quad n = 27$$

第 27 項である。

答　③

No.3

初項を a，公比を r とすると，

$$ar^{(5-1)} = -48, \quad ar^{(8-1)} = 384$$

これより，$a = -3$，$r = -2$ となり，

第 3 項は，$-3 \times (-2)^{(3-1)} = -12$

答　③

No.4

初項 3，公差 5 なので，$a_n = 3 + 5(n - 1)$

$$= 5n - 2$$

これより，20 個目 $a_{20} = 98$ となり，

等差数列の和の公式より，

$$20 \times \frac{3 + 98}{2} = 1010$$

答　③

No.5

規則性を探すと，2で割ると 1^2，2^2，3^2，4^2，5^2，$\cdots\cdots$ となっていることがわかる。

これは n^2 に2をかけた数列である。

第4項から第20項までの和なので，（初項から第20項までの和）−（初項から第3項までの和）となる。

$$\sum n^2 = \frac{n(n+1)(2n+1)}{6} \text{ より，}$$

$$\frac{2\{20(20+1)(40+1) - 3(3+1)(6+1)\}}{6}$$

$$= 5712$$

答　④

B. 確率
No.1

3つの和が13となる場合

$$
\begin{array}{lll}
1 & 6 & 6\cdots\cdots3\text{ 通り} \\
2 & 5 & 6\cdots\cdots6\text{ 通り} \\
3 & 5 & 5\cdots\cdots3\text{ 通り} \\
3 & 4 & 6\cdots\cdots6\text{ 通り} \\
4 & 4 & 5\cdots\cdots3\text{ 通り} \\
\end{array}
$$

計　　21 通り

確率$\cdots\cdots \dfrac{21}{6 \times 6 \times 6} = \dfrac{7}{72}$

答　④

No.2

1回で勝負がつく場合と，2回で勝負がつく場合と，3回で勝負がつく場合の確率の合計である。

$$\frac{2}{3} + \frac{1}{3} \times \frac{2}{3} + \frac{1}{3} \times \frac{1}{3} \times \frac{2}{3} = \frac{26}{27}$$

答　⑤

No.3

「3個とも白球でない」場合の余事象の確率を求めればよい。

$$1 - \frac{{}_8C_3}{{}_{12}C_3} = 1 - \frac{14}{55} = \frac{41}{55}$$

答　③

No.4

分母　6^3

分子　同じ目の2個のサイコロの選び方

$$_3C_2$$

同じ目の選び方　${}_6C_1$

残りの目の選び方　${}_5C_1$

よって　$3 \times 6 \times 5$

$$\frac{3 \times 6 \times 5}{6^3} = \frac{5}{12}$$

答　④

No.5

2個のサイコロを振る時に，目の出る数の組合せ総数は $6 \times 6 = 36$ 通りある。2個のサイコロの目の和が7になる場合は

$$
\begin{array}{l}
1 - 6 \\
2 - 5 \\
3 - 4 \\
4 - 3 \\
5 - 2 \\
6 - 1 \\
\end{array}
$$

の6通りである。

したがって求める確率は

$$\frac{6}{36} = \frac{1}{6}$$

答　⑤

No.6

全事象：$8! = 8 \times 7 \times 6 \times 5 \times 4 \times 3 \times 2 \times 1$

8と1は場所が決まったので，残りの並べ方を考える。残りは6枚なので，

$$6! = 6 \times 5 \times 4 \times 3 \times 2 \times 1$$

したがって，求める確率は

$$\frac{6!}{8!} = \frac{1}{56}$$

答　③

C. その他
No.1

$2^{15} = 10^x$ とする。

$$15\log_{10}2 = x\log_{10}10$$

これより，$x = 4.515$

よって，$10^4 < 2^{15} < 10^5$ となり，5ケタ。

答　③

No.2

まず底をそろえる。

$$\log_4 25 = \frac{\log_2 25}{\log_2 4} = \frac{2\log_2 5}{2} = \log_2 5$$

よって，

$$\begin{aligned}\log_2 10 + \log_4 25 &= \log_2 10 + \log_2 5 \\ &= \log_2(10 \times 5) \\ &= \log_2 50\end{aligned}$$

答　②

No.3

求めるベクトルを $\vec{b} = (x, y)$ とする。

$\vec{a} \perp \vec{b}$ より $\vec{a} \cdot \vec{b} = 0$

これを成分を用いて表すと

$$2x + 3y = 0 \quad \cdots(1)$$

また $|\vec{b}| = 1$ より

$$\sqrt{x^2 + y^2} = 1$$

両辺を2乗して

$$x^2 + y^2 = 1 \quad \cdots(2)$$

(1)より　$3y = -2x$

$$y = -\frac{2}{3}x \quad \cdots(3)$$

(3)を(2)に代入すると

$$x^2 + \left(-\frac{2}{3}x\right)^2 = 1$$

$$\frac{13}{9}x^2 = 1$$

$$\therefore \quad x = \pm\frac{3}{\sqrt{13}}$$

これを(3)に代入すると

$x = \dfrac{3}{\sqrt{13}}$ のとき　$y = -\dfrac{2}{\sqrt{13}}$

$x = -\dfrac{3}{\sqrt{13}}$ のとき　$y = \dfrac{2}{\sqrt{13}}$

$$\therefore \left(\frac{3}{\sqrt{13}}, -\frac{2}{\sqrt{13}}\right), \left(-\frac{3}{\sqrt{13}}, \frac{2}{\sqrt{13}}\right)$$

答　①

No.4

求める単位ベクトルを (e_1, e_2) とすると

$$e_1{}^2 + e_2{}^2 = 1 \quad \cdots\cdots(1)$$

$$\frac{e_1}{3} = \frac{e_2}{4} \quad \cdots\cdots(2)$$

(1)(2)より

$$(e_1, e_2) = \left(\pm\frac{3}{5}, \pm\frac{4}{5}\right)$$

$(3, 4)$ と同じ向きなので

$$\therefore (e_1, e_2) = \left(\frac{3}{5}, \frac{4}{5}\right)$$

答　③

No.5

微分して $F'(x) = 6x^2 + 6x$

$F'(x) = 0$ となるのは，$x = -1, 0$ のときである。増減表を書くと，

x	$\cdots$	-1	$\cdots$	0	$\cdots$
$F'(x)$	$+$	0	$-$	0	$+$
$F(x)$	↗	-4	↘	-5	↗

したがって，極大値 -4，極小値 -5

答　④

No.6

微分して，$y' = 4x + 1$

$x = 3$ を代入して，$y' = 13$ が傾きになるので，$a = 13$

接線の式は，

$$y - 21 = 13(x - 3) \quad \therefore \quad y = 13x - 18$$

したがって，$a + b = -5$

答　①

No.7

$$y = x^2 + 3x - 18 = (x + 6)(x - 3)$$

$$\int_{-6}^{3} \{0 - (x^2 + 3x - 18)\}\,dx$$

$$= \left[-\frac{x^3}{3} - \frac{3x^2}{2} + 18x\right]_{-6}^{3}$$

$$= \left(-9 - \frac{27}{2} + 54\right) - (72 - 54 - 108)$$

$$= \frac{243}{2}$$

答　③

No.8

楕円は，2定点 $F(c, 0)$，$F'(-c, 0)$ からの距離の和が一定 $2a$ である点の軌跡で，その式は，

$$\frac{x^2}{a^2} + \frac{y^2}{b^2} = 1 \,(ただし，a^2 - b^2 = c^2)$$

ちなみに2定点からの距離の差が一定である点の軌跡

$$\frac{x^2}{a^2} - \frac{y^2}{b^2} = 1 \,(ただし，a^2 - b^2 = c^2)$$

は，双曲線である。

答　⑤

No.9

選択肢の値を x に代入して，グラフの形を考える。

①　$x = -4$ を代入すると，

$$y = (-4)^3 + \frac{3}{2}(-4)^2 - 6 \times (-4) + 7$$

$$= -64 + \frac{3}{2} \times 16 + 24 + 7$$

$$= -64 + 24 + 24 + 7$$

$$= -9$$

②　$x = -2$ を代入すると，

$$y = (-2)^3 + \frac{3}{2}(-2)^2 - 6 \times (-2) + 7$$

$$= -8 + 6 + 12 + 7$$

$$= 17$$

③　$x = 0$ を代入すると，

$$y = 0 + 0 + 0 + 7$$

$$= 7$$

④　$x = 1$ を代入すると，

$$y = (1)^3 + \frac{3}{2}(1)^2 - 6 \times 1 + 7$$

$$= \frac{7}{2}$$

⑤　$x = 2$ を代入すると，

$$y = (2)^3 + \frac{3}{2}(2)^2 - 6 \times 2 + 7$$

$$= 8 + 6 - 12 + 7$$

$$= 9$$

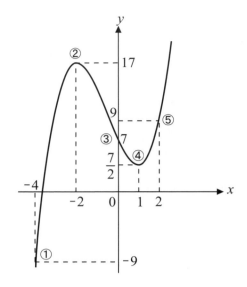

上のようなグラフになることがわかる。
これより，極大値となるのは②のとき。

答　②

〈別解〉

$$y = x^3 + \frac{3}{2}x^2 - 6x + 7 \quad を微分する。$$

$$y = 3x^2 + 3x - 6$$

$$= 3(x^2 + x - 2)$$

$$= 3(x + 2)(x - 1)$$

これより，極大・極小となるのは
$x = -2$ と 1 であることがわかる。
グラフの形を考える。

y' が正のとき右上がり，負のとき右下がりのグラフになる。

$x < -2$ のとき，y' は正。

$-2 < x < 1$ のとき，y' は負。

$1 < x$ のとき，y' は正。

これより，極大となるのは $x = -2$ のとき。

第2編　数的推理

第1章　文章題

（問題，本文 50 ページ）

①方程式の導き方と解き方

No.1

A + B = 35 だから

B = 35 − A

これを B + C = 42 に代入して

35 − A + C = 42

C = A + 7

よって，A は C より 7 小さい。

答　②

No.2

$$\begin{cases} a + b + c = 6 & \cdots(1) \\ 2a + 3 = b + c & \cdots(2) \\ 3a + 2b + c = 10 & \cdots(3) \end{cases}$$

の連立方程式を解いて c を求めればよい。

(1)+(2)

3a = 3

a = 1

$a = 1$ を(2)と(3)に代入

5 = b + c　　…(2)′

2b + c = 7　　…(3)′

(3)′−(2)′

b = 2

∴　c = 3

答　③

No.3

4色とも9個取り出した後もう1つ取り出せば，必ずいずれか1色は10個取り出したことになる。よって，9 × 4 + 1 = 37〔個〕

答　③

No.4

和が5になる組合せは，（1，4）（2，3）

8は，（2，6）（3，5）

10は，（3，7）（4，6）

となるので，連続する数字は，2，3，4，5，6

よって，最大は6

答　②

No.5

2ケタの整数を $10a + b$ と表すと

$$\frac{7}{4}(10a + b) = 10b + a$$

$$70a + 7b = 40b + 4a$$

$$66a = 33b$$

$$2a = b$$

$1 \leqq a \leqq 9$　$1 \leqq b \leqq 9$ より

$a = 1, 2, 3, 4$　∴　4個

答　③

No.6

四捨五入すると19より，$18.5 \leqq \dfrac{x}{9} < 19.5$

から

$166.5 \leqq x < 175.5$

x は8の倍数で $\dfrac{175.5}{8} \fallingdotseq 21.9$ になるので，

$x = 8 \times 21 = 168$

よって，$168 \div 20 = 8...8$

答　②

No.7

数字は（3, 6, 3, 3, 9）の5個を一区切りとして循環している。

そこで $113 \div 5 = 22...3$

22組と3個の中に3が何個あるかを考える。

1組の中に3は3個入っているので

$3 \times 22 + 2 = 68$〔個〕

答　③

No.8

等しくなる月を x カ月とすると，

x カ月の兄の貯金

$1800 + 800x$

x カ月の弟の貯金

$$5000 + 400x$$

題意より

$$1800 + 800x = 5000 + 400x$$
$$400x = 3200$$
$$x = 8$$

答　③

No.9

1時間毎に加算される料金を x 円とすると
$(400 + 4x) \times 1.3 = 400 + 6x$ となる。これを解くと $x = 150$〔円〕
したがって8時間では
$$400 + 150 \times 7 = 1450 \text{〔円〕}$$

答　②

No.10

ある金額を x 円とすると

A　$\dfrac{3}{4}x - 300$〔円〕

B　$\dfrac{1}{3}x + 100$〔円〕

$$\left(\dfrac{3}{4}x - 300\right) + \left(\dfrac{1}{3}x + 100\right) = x$$
$$x = 2400 \text{〔円〕}$$

答　⑤

No.11

子供の人数を x 人とするとリンゴを $3x$ 個買うと100円不足し，1個10円安い梨を3個ずつ買うと80円余る。リンゴ $3x$ 個と梨 $3x$ 個の値段の差は
$$10 \times 3x = 100 + 80$$
$$x = 6 \text{〔人〕}$$

答　②

No.12

アイスの値段を x 円，あめ玉の値段を y 円とする。
A君は，$100 \times 1 + 4x + 5y$〔円〕
B君は，$6x + 5y$〔円〕
C君は，$100 \times 2 + 10y$〔円〕
払ったことになり，これが皆同じ金額なので連立させて求めると，

$$y = 20 \text{〔円〕}$$

答　②

No.13

初めは56枚なので，
$$56 = 5 \times 10 + 6$$
これより，手数料を5回支払わなければならないことがわかる。よって，56枚のうち，5枚は手数料に使うので，コインBに替えられるのは $56 - 5 = 51$〔枚〕
1枚につき，2枚のコインに替えられるので，
$$51 \times 2 = 102 \text{〔枚〕}$$

答　①

No.14

x 年後に父と子供の年齢の合計が等しくなるとすると，子供は3人いるので，1年間に合計は3つずつ増加する。
$$36 + x = 18 + 3x$$
$$x = 9 \text{〔年後〕}$$

答　②

No.15

現在，姉は7歳で，5年後は12歳になる。現在の姉と妹の年齢の和が12になるのだから，今，妹は5歳であることがわかる。
これより，3年後は姉は10歳，妹は8歳になるので，
$$3 \times 10 + 8 = 38$$
より，3年後の父の年齢は38歳であることがわかる。
よって，妹が生まれたとき，父は30歳，姉は2歳となる。
このときの年齢差は $30 - 2 = 28$〔歳〕

答　③

No.16

第1回目　$5 + 4 + 3 + 2 = 14$〔L〕
第2回目　$5 + 4 + 3 = 12$〔L〕
第3回目　$5 + 4 = 9$〔L〕
第4回目　5L
計 40L

答　③

No.17

真ん中の奇数を x とすると

$(x - 2)^2 + x^2 = 12(x + 2) - 2$

これを解いて $x = 9, -1$

$x > 0$ なので

この3つの奇数は 7, 9, 11 である。

答 ①

No.18

$A \div B \div C = 4$ …(1)

$A \div B - C = 12$ …(2)

$A - B = 105$ …(3)

(1)より, $\dfrac{A}{BC} = 4$ $A = 4BC$ …(1)´

(1)´を(2)に代入 $\dfrac{4BC}{B} - C = 12$

$3C = 12$

$C = 4$ …(4)

(4)を(1)´に代入 $A = 16B$ …(5)

(5)を(3)に代入 $16B - B = 105$

$15B = 105$

$B = 7$ …(6)

(6)を(5)に代入 $A = 16 \times 7 = 112$

よって $A + B + C = 112 + 7 + 4 = 123$

答 ③

No.19

三角形の出来る条件は, 各辺は $a > b > c$ とすると $a < b + c$ でなければならない。

したがって最も長い辺を12cmとして出来る三角形の二辺は

11と5, 11と7, 11と9, 9と5, 9と7

の5通り

11cmを最長辺として出来る三角形の二辺は

9と7, 9と5, 7と5の3通り

9cmを最長辺として出来る三角形の二辺は

7と5のみ

合計9通り

答 ①

No.20

$1 \otimes 1 = 7$

$1 \otimes 2 = 8$

から $\otimes = \times 6 +$ ではないかと考えられる。

$2 \otimes 1$ に当てはめると

$\quad 2 \times 6 + 1 \rightarrow 13$

$2 \otimes 2$ $\underline{2 \times 6 + 2} \rightarrow 14$

$1 \otimes (1 \otimes 1)$

$\quad \underline{1 \times 6 + (1 \times 6 + 1)} \rightarrow 13$

になるので正しい。

$2 \otimes (4 \otimes 1)$

$= 2 \times 6 + (4 \times 6 + 1)$

$= 12 + 25$

$= 37$

答 ②

No.21

80枚のタイルで敷きつめられるとすると,

$a \times b = (200)^2 \div 80 = 500$

ここで, a と b の組合せを考えると,

$a = 20$, $b = 25$ のとき, $a + b = 45$ となり,

最小値は45以下になる。

答 ④

No.22

Aを2個, Bを3個買うことは決まっているので, 残りの5個の組合せについて考える。

$A \times 2 + B \times 3 = 340 \times 2 + 380 \times 3$

$\quad = 1820$〔円〕

予算は3,650円なので,

$\quad 3650 - 1820 = 1830$

1,830円以内で5個購入する。

A	B	C	金額
1個	1個	3個	1,800 円
1個	2個	2個	1,820 円
2個	1個	2個	1,780 円
1個	3個	1個	1,840 円
3個	1個	1個	1,760 円
2個	2個	1個	1,800 円

これより, 最も残金が少なくなるのは, 残りの5個を1,820円で購入する組合せ。よって, 残金は10円。

答 ②

No.23

隣り合った人の間隔を a m, 1分間に通過し

た人数を b 人とすれば，1分間の自転車の走
行距離は $(a \cdot b)$ m であるから，1時間に
$60a \cdot b\,(\mathrm{m}) = \dfrac{60ab}{1000}\,[\mathrm{km}]$ である。この値が

$2.95b$ に等しいことから $\dfrac{60ab}{1000} = 2.95b$

$$\therefore a = \frac{1000 \times 2.95}{60} \fallingdotseq 49.2$$

答　⑤

No.24

上位3位以内になるためには，上位4位の人
より1票多く取ればよい。
よって，$40 \div (3 + 1) = 10$
$10 + 1 = 11\,[票]$ となる。

答　③

No.25

4ケタの整数 ABCD を x とすると，
$$42\,\mathrm{ABCD} = 420000 + \mathrm{ABCD}$$
$$= 420000 + x$$
$$\mathrm{ABCD}42 = \mathrm{ABCD} \times 100 + 42$$
$$= 100x + 42$$
と表せるから，題意より
$$100x + 42 = 2(420000 + x)$$
$$98x = 839958$$
$$x = 8571$$
$$\therefore \quad \mathrm{B} + \mathrm{C} = 5 + 7 = 12$$

答　④

No.26

$$m + k = (4n + 1) + (4l + 3)$$
$$= 4n + 4l + 4$$
$$= 4(n + l + 1)$$

答　③

No.27

歯数と回転数は反比例する。A の歯車の歯
数 × A の回転数 = B の歯車の歯数 × B の回
転数 = 一定の関係より
$20 \times 6 = 12 \times x$ より
$x = 10\,[回転]$

答　①

No.28

水槽いっぱいになった時の水量を1とすると
1時間にたまる量は（A，B両管を使い栓を
抜いた状態）
$$\left(\frac{1}{3} + \frac{1}{4}\right) - \frac{1}{12} = \frac{1}{2}$$
$$\therefore \quad 1 \div \frac{1}{2} = 2\,[時間]$$

答　④

No.29

ポンプ　$5\mathrm{L} / 2.5$ 分 $= 2\mathrm{L}/$ 分
減る分　$0.5\mathrm{L}/$ 分
よって，$2 - 0.5 = 1.5\,[\mathrm{L}/$ 分$]$ の速さで水が
たまる。
10 分で満水にできたのだから，
$$1.5 \times 10 = 15\,[\mathrm{L}]$$

答　⑤

No.30

注がれるお湯が毎分 $x\mathrm{L}$，満水を $y\mathrm{L}$，ポン
プ1台の排水能力を毎分 $z\mathrm{L}$，お湯がなくな
るまでの時間を t 分とする。
$$20x + y = z \times 5 \times 20$$
$$10x + y = z \times 8 \times 10$$
$$t \times x + y = z \times 10 \times t$$
$$t = 7.5\,[分]$$

答　④

No.31

全従業員数を x 人とする。

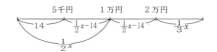

$$\frac{1}{2}x + \left(\frac{1}{2}x - 14\right) + \frac{1}{3}x = x$$
$$\frac{1}{3}x = 14$$
$$x = 42\,[人]$$

答　③

No.32

女性が $\dfrac{5}{12}$ ということは，男性が $\dfrac{7}{12}$ である。

男性が半分より4人多いわけだから $\dfrac{1}{12}$ が4

人にあたる。

したがって，この学級は48人である。

$\left(4 \div \dfrac{1}{12} = 48\right)$

半分は24人であり，男性は28人

∴ 女性は20人である。 <u>答 ②</u>

No.33

全ページ数を x，1日目の残りを y とすると

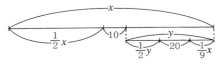

これより

$$\begin{cases} \dfrac{1}{2}\,y = \dfrac{1}{9}\,x + 20 & \cdots(1) \\ y = \dfrac{1}{2}\,x - 10 & \cdots(2) \end{cases}$$

(1)×2 と(2)より

$$\dfrac{1}{2}\,x - 10 = \dfrac{2}{9}\,x + 40$$
$$x = 180$$

<u>答 ①</u>

No.34

ビー玉全部の個数を x〔個〕とすると，

A が取ったビー玉の個数は，

$\dfrac{1}{5}\,x + 6$〔個〕

B が取ったビー玉の個数は，

$\dfrac{1}{6}\left\{x - \left(\dfrac{1}{5}\,x + 6\right)\right\} + 10 = \dfrac{2}{15}\,x + 9$〔個〕

C が取ったビー玉の個数は，

$x - \left(\dfrac{1}{5}\,x + 6\right) - \left(\dfrac{2}{15}\,x + 9\right) = \dfrac{2}{3}\,x - 15$〔個〕

B のビー玉の数＝C のビー玉の数なので

$$\dfrac{2}{15}\,x + 9 = \dfrac{2}{3}\,x - 15$$
$$x = 45 \text{〔個〕}$$

<u>答 ②</u>

No.35

はじめに配られた枚数を A とする。

1週目に $\dfrac{1}{5}$ を終わらせたので，このときの

残りは $\dfrac{4}{5}$ A 枚。

2週目に解いた枚数とそのとき残った枚数が

同じなので，$\dfrac{4}{5}$ A の半分を解いたことにな

る。よって，2週目が終わったときの残りは，

$\dfrac{1}{2} \times \dfrac{4}{5}$ A 枚。

登校日，残っていた枚数と同じだけのプリン

トをもらったので，このときの残りは $\dfrac{4}{5}$ A

枚。

これの $\dfrac{3}{8}$ を終わらせたので，残りは $\dfrac{5}{8}$

よって，$\dfrac{5}{8} \times \dfrac{4}{5}$ A = 25 枚。

これを解いて，A = 50 枚。

<u>答 ⑤</u>

No.36

A，B，C をそれぞれ a 個，b 個，c 個買った

とする。

$$\begin{cases} a + b + c = 8 & \cdots(1) \\ 40a + 50b + 30c = 340 & \cdots(2) \\ a > b > c \end{cases}$$

(1)より $a = 8 - b - c$ $\cdots(1)'$

(1)′ を(2)に代入

$$40(8 - b - c) + 50b + 30c = 340$$
$$10b - 10c = 20$$
$$b - c = 2$$
$$b = c + 2 \cdots(3)$$

(3)を(1)′ に代入

$$a = 8 - (c + 2) - c$$

$$a = 6 - 2c \quad \cdots(4)$$

(3), (4)より

c に $1, 2, 3 \cdots\cdots$ と代入して a と b の値を求め，その合計が 8 になるものをさがすと

$a = 4$，$b = 3$，$c = 1$ だけである。

答 ⑤

No.37

物質 a, b が燃焼する際に生じる熱量を各々 x，y とする。

物体アは　a が 5 個　b が 2 個

物体イは　a が 3 個　b が 4 個

から構成されている。

物体アが完全に燃焼する際に生じる熱量は
$$5x + 2y \quad \cdots(1)$$
物体イが完全に燃焼する際に生じる熱量は
$$3x + 4y \quad \cdots(2)$$

条件より(1)は(2)の 1.25 倍であるので

$$5x + 2y = 1.25(3x + 4y)$$
$$5x + 2y = 3.75x + 5y$$
$$1.25x = 3y$$
$$x = 2.4y$$

答 ④

No.38

960 を素因数分解すると，
$$960 = (2)^6 \times 3 \times 5$$

これに 2 ケタの整数 x をかけると，別の 3 ケタの整数 y の 2 乗になるのだから，

$$y^2 = (2)^6 \times 3 \times 5 \times 3 \times 5$$
$$= \{(2)^3 \times 3 \times 5\}^2$$

よって，$x = 3 \times 5 = 15$
$$y = (2)^3 \times 3 \times 5 = 120$$

これより，$x + y = 120 + 15 = 135$

答 ④

No.39

走行距離と料金の関係はグラフのようになる。

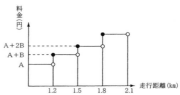

まず，$4\,\mathrm{km}$ 走ったときは，
$$(4 - 1.2) \div 0.3 = 9.3$$

これより基本料金区間から $9.3 = 10$ 回 B 円が加算されたことになるから

$$A + 10B = 1500 \quad \cdots(1)$$

同様に $7\,\mathrm{km}$ 走ったときは，
$$(7 - 1.2) \div 0.3 = 19.3 \text{より}$$
$$A + 20B = 2400 \quad \cdots(2)$$

(2)−(1)より　$10B = 900$　∴　$B = 90$〔円〕

(1)より　$A + 10 \times 90 = 1500$

∴　$A = 600$〔円〕

答 ⑤

No.40

ポンプ A のみで 12 分かかるので，1 分あたり $\dfrac{30}{12}$〔L／分〕。

ポンプ B のみで 18 分かかるので，1 分あたり $\dfrac{30}{18}$〔L／分〕。

ポンプ A, B がそれぞれ x 分稼働したとすると，

$$\frac{30}{12}x + \frac{30}{18}x = 30$$

これより，

$$\frac{1}{12}x + \frac{1}{18}x = 1$$

両辺に (12×18) をかけて，

$$18x + 12x = 12 \times 18$$
$$30x = 216$$
$$x = 7.2 \text{〔分〕}$$

すなわち，ポンプ A, B はそれぞれ 7.2 分ずつ稼働したことがわかる。

よって，水槽を満たすのに $7.2 + 7.2 = 14.4$〔分〕かかった。

答 ④

No.41

3つのポンプの1分あたりの水量を，A，B，Cとおく。

$$A = \frac{120}{15} = 8 〔L／分〕$$

$$B = \frac{120}{20} = 6 〔L／分〕$$

$$C = \frac{120}{x} 〔L／分〕$$

3つを用いたとき，4分かかっているので，

$$(A + B + C) × 4 = 120$$

代入して，

$$\left(8 + 6 + \frac{120}{x}\right) × 4 = 120$$

整理すると，

$$\frac{120}{x} = 16$$

$$x = \frac{120}{16} = 7.5 〔分〕$$

7.5分 ＝ 7分 ＋ 0.5 × 60 秒

　　　 ＝ 7分30秒

答　②

No.42

大人の6歩は子供の9歩と同じ距離であり，大人が6歩行く時，子供はまだ5歩しか行っていないので，子供の歩幅で4歩追いつくことになる。

したがって次の比例式が成立する。x歩で追いつくとすると

$$6 : 4 = x : 10$$
$$(6 : x = 4 : 10)$$
$$4x = 60$$
$$x = 15$$

答　②

No.43

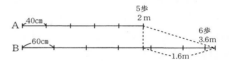

B君は6歩でA君に1.6m追いつくので40m追いつくにはx歩かかるという比例式が成り立つ。

$$6 : 1.6 = x : 40$$
$$1.6x = 240$$
$$x = \frac{2400}{16}$$
$$= 150$$

答　②

No.44

Bは8歩行けばAの歩幅で5歩追いつくことになる。Aの一歩はBの歩幅の$\frac{8}{12}$だから，Aの5歩はBの歩幅では

$$\frac{8}{12} × 5 = \frac{40}{12}$$である。

Bは8歩で$\frac{40}{12}$歩追いつくわけだから

1歩では$\frac{40}{12} ÷ 8$

つまり$\frac{5}{12}$追いつく。

したがって40歩追いつくには，

$$40 ÷ \frac{5}{12} = \frac{40 × 12}{5} = 96 〔歩〕$$

必要なことになる。

答　⑤

No.45

社長の下に x 人の課長，その一人一人の課長の下に y 人の係長がいて，更に一人一人の係長の下に $2y$ 人の係員がいるとすると，係員の人数は，$x \times y \times 2y$

これが 588 人になるという題意から，

$2xy^2 = 588$

$xy^2 = 294$

294 を素因数分解して累乗のかたちに表すと

$xy^2 = 6 \times 7^2$

これから，$x = 6$，$y = 7$

課長が 6 人，係長が 42 人，係員 588 人

答　④

No.46

(1) E ＞ A より，A ＜ E

(2) 1 ＋ A = C より，A ＜ C ＜ E

(3) D × E ＜ A × C より，D ＜ A ＜ C ＜ E

(4) B × D = D より，B = 1

よって，B ＜ D ＜ A ＜ C ＜ E

答　③

No.47

150 円の生菓子を x 個

80 円の生菓子を y 個

とすると

$$\begin{cases} x + y = 20 & \cdots(1) \\ 150x + 80y + 250 \leqq 2500 & \cdots(2) \end{cases}$$

が成り立つ。

(2)−(1)× 80

$150x + 80y \leqq 2500 - 250$

$\underline{80x + 80y = 1600}$

$70x \qquad \leqq 650$

$x \qquad \leqq \dfrac{65}{7}$

x を最大にとると $x = 9$ となる。

$\left(\begin{array}{l} x = 9 \text{ 個} \quad y = 11 \text{ 個となる。} \\ 150 \times 9 = 1{,}350 \text{ 円} \quad 80 \text{ 円} \times 11 = 880 \text{ 円} \\ \text{両方で } 2{,}230 \text{ 円} \\ \text{これに箱代 } 250 \text{ 円で } 2{,}480 \text{ 円となる。} \end{array} \right)$

答　②

No.48

ケーキ A を A 個，

ケーキ B を B 個 = $20 - A$ 個とする。

予算が 9,000 円以下になればよいので，

$300A + 500(20 - A) + 100 \leqq 9000$

$300A + 10000 - 500A + 100 \leqq 9000$

$-200A \leqq -1100$

$A \geqq 5.5$

よって，ケーキ A を 6 個以上買うことができる。

ケーキ B をできるだけ多く買いたいので，求めるのはケーキ A が 6 個，ケーキ B が 20 − 6 = 14 個のとき。

ケーキ A とケーキ B の個数の差は，

$14 - 6 = 8$ 個。

答　②

No.49

大人 x 人とすると，

団体割引を使ったとき，

$(360 \times 300 + 500x) \times 0.8$〔円〕

学割を使ったとき，

$(360 \times 300) \times 0.7 + 500x$〔円〕

学割を使った方が安くなるときを考える。

$(360 \times 300 + 500x) \times 0.8 >$
$\qquad (360 \times 300) \times 0.7 + 500x$

$86400 + 400x > 75600 + 500x$

$x < 108$

よって，107 人まで

答　②

No.50

A 円の商品を，x 個買うとする。

1 割引したとき，

x 個を，$xA \times 0.9$ 円で購入

6 個以上買って 1 個分無料にしたとき，

x 個を，$A \times (x - 1)$ 円で購入

1 割引しない方が安くなるときだから，

$xA \times 0.9 > A \times (x - 1)$

$0.9x > x - 1$

$x < 10$

1 割引しない方が安くなるのは 9 個まで。

答　④

② 和と差（平均・過不足）

No.1

男子の人数を x 人とすると

女子の人数は $40 - x$〔人〕

題意より

$$168x + 158(40 - x) = 164 \times 40$$
$$x = 24$$

男子　24 人 ⎫
女子　16 人 ⎭　その差は 8 人

答　④

No.2

新入社員数を x，椅子の数を y とすると

$$x = 5(y - 10)$$
$$= 4(y + 5)$$
$$5y - 50 = 4y + 20$$
$$y = 70 \quad \therefore \quad x = 300$$

答　②

No.3

女性の受験者数を x 人とすれば男性の受験者数は $(800 - x)$ 人である。受験者全体の平均が 54 点だから得点の総合計は

$$54 \times 800 = 43200$$

男性の得点合計は

$$56 \times (800 - x) = 44800 - 56x$$

女性の得点合計は $(56 - 5)x = 51x$

$$\therefore \quad 43200 = 44800 - 56x + 51x$$
$$= 44800 - 5x$$
$$5x = 1600$$
$$x = 320〔人〕$$

答　③

No.4

50 g の袋が 98%，52 g の袋が 2% できる。すなわち，100 個中 98 個が 50 g，2 個が 52 g である。

これより，

$$50 \times 0.98 + 52 \times 0.02$$
$$= 49 + 1.04$$
$$= 50.04〔g〕$$

答　①

No.5

x 部屋借りたとする。

8 人ずつ分けたとき，

　8 人部屋が $(x - 1)$ 部屋

　7 人部屋が 1 部屋

9 人ずつ分けたとき，

　9 人部屋が $(x - 2)$ 部屋

　8 人部屋が 1 部屋，余り 1 部屋

これより，グループの人数について式を作ると，

8 人ずつ分けたとき，$8(x - 1) + 7$〔人〕

9 人ずつ分けたとき，$9(x - 2) + 8$〔人〕

これが等しくなるのだから，

$$8(x - 1) + 7 = 9(x - 2) + 8$$

これを解いて，$x = 9$ 部屋

答　②

No.6

借りたコテージの数を k 部屋とする。

6 人ずつ分けたとき，6 人組が $(k - 1)$ つ，4 人組が 1 つできる。これより，メンバーの数を表すと，$\{6 \times (k - 1) + 4\}$ 人となる。

同様に，7 人ずつ分けたときコテージが 1 つ余るので，7 人組は $(k - 2)$ つ，5 人組が 1 つできる。これより，$\{7 \times (k - 2) + 5\}$ 人。

これが等しくなるので，

$$6(k - 1) + 4 = 7(k - 2) + 5$$
$$6k - 6 + 4 = 7k - 14 + 5$$
$$6k - 2 = 7k - 9$$
$$k = 7$$

これを代入して，

$$6 \times (7 - 1) + 4 = 40〔人〕$$

答　③

No.7

女性平均身長を x cm とすると，男性の平均身長は $(x + 6)$ cm になる。

男性 2 人が抜けたあとの男性の平均身長は，

$$\frac{20(x + 6) - \{(x + 2) + (x + 4)\}}{18} \fallingdotseq x + 6.33$$

よって，約 6.3 cm

答　③

No.8

面積は 2500 m²

一辺 50 m の正方形の周囲は長さ 200 m。

木は 40 本だから 5 m 間隔

一辺 25 m と 100 m の長方形の周囲は 250 m

200 m で 40 本 ⎱

250 m で x 本 ⎰

一辺は 5 の倍数だから共に四隅に植えられるので同条件

したがって

$$200 : 250 = 40 : x$$

$$x = \frac{250 \times 40}{200} = 50$$

答 ⑤

No.9

E 組のクラス平均を x 点とすると，

このテストの総点は，

（4 クラスの平均点）× 160

　　　　　 ＋（E 組の平均点）× 40

または，

（5 クラスの平均点）× 200

となる。これが等しくなるので，

$$78.85 \times 160 + x \times 40 = 79 \times 200$$

$$x = 79.6〔点〕$$

答 ⑤

No.10

6 月末から 7 月末の間に倍になっているので，7 月に誕生日を迎えた生徒の人数は，6 月末に 18 歳だった生徒の人数と等しい。

求めるものを x 人とする。

（6 月末の平均年齢）＋ 0.2

　　　　　 ＝（7 月末の平均年齢）

$$\frac{17 \times (40 - x) + 18x}{40} + 0.2$$

$$= \frac{17 \times (40 - 2x) + 18x \times 2}{40}$$

$$17(40 - x) + 18x + 0.2 \times 40$$

$$= 17(40 - 2x) + 18 \times 2x$$

$$680 - 17x + 18x + 8 = 680 - 34x + 36x$$

$$x = 8〔人〕$$

答 ④

No.11

1 日で売れた冊数を，文庫本 x 冊，単行本 y 冊とすると

$$\frac{540x + 1260y}{x + y} = 700$$

$$2x = 7y \quad \cdots\cdots(1)$$

ここで，x, y は自然数であるから，(1) が成立するためには，$x = 7k$, $y = 2k$（k は自然数）であることが必要。

したがって，$x + y = 7k + 2k = 9k$ より，合計冊数は 9 の倍数となる。

答 ④

No.12

合格点を x 点，受験者数を a 人とする。合格者の人数は a 人の 25 % であるから，$0.25a$ 人，平均点は $x + 12$ 点であるから，

（合格者の得点合計）

$= 0.25a(x + 12)$

不合格者の人数は a 人の 75 % であるから $0.75a$ 人，平均点は $x + 12 - 24 = x - 12$ 点である。

（不合格者の得点合計）

$= 0.75a(x - 12)$

また，受験者全体の人数は a 人，平均点は 55 点であるから，

（受験者全体の得点合計）

$= a \cdot 55 = 55a$

よって，次の等式が成り立つ。

$$0.25a(x + 12) + 0.75a(x - 12) = 55a$$

$$x + 12 + 3(x - 12) = 220$$

$$x = 61〔点〕$$

答 ③

No.13

点差は分かっているが，誰が一番低い点数かは不明だから，次の 3 つの場合を考える。

それぞれ最低点を x としている。

① A が最低の場合

$$3x + 15 \times 2 + 33 = 60 \times 3 \quad x = 39$$

② Bが最低点の場合

$3x + 15 + 33 = 60 \times 3$　$x = 44$

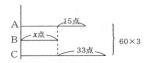

③ Cが最低点の場合

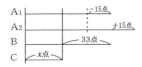

A_1 のとき，$3x + 33 \times 2 - 15 = 60 \times 3$

$$x = 43$$

A_2 のとき，$3x + 33 \times 2 + 15 = 60 \times 3$

$$x = 33$$

したがって，③の A_2 のとき最小になり，33点である。

答　②

No.14

全参加者を N 人とすると題意より，

$N = 6l + 2$

$N = 7m + 3$

$N = 8n + 4$　と表せる。

除数が 6, 7, 8 であるのに対して，余りが 2, 3, 4 となっている。除数と余りの差が 4 で一定になっている。

ここから $(N + 4)$ は 6 の倍数になっていると考えられる。

すなわち

$N + 4 = 6l + 2 + 4 = 6(l + 1)$

$N + 4 = 7m + 3 + 4 = 7(m + 1)$

$N + 4 = 8n + 4 + 4 = 8(n + 1)$

つまり $(N + 4)$ は，6, 7, 8 の公倍数と考えられ，その最小公倍数は 168 である。

これは $N < 200$ に合うから，

$N + 4 = 168$　∴　$N = 164$

よって，全参加者の数の一の位と十の位の数の和は $4 + 6 = 10$

答　⑤

No.15

（解 I）　600 より小さい 21 の倍数は順に 588，567，546……。

これに 5 を加えた 593，572，551……を順に 10 と 15 で割り，余りにそれぞれ 3，8 が出るのを見つける。

（解 II）

$\boxed{N} \div 10 = x \ldots 3$　$10x + 3 = \boxed{N}$ ……(1)

$\boxed{N} \div 15 = y \ldots 8$　$15y + 8 = \boxed{N}$ ……(2)

$\boxed{N} \div 21 = z \ldots 5$　$21z + 5 = \boxed{N}$ ……(3)

$$\begin{cases} 10x + 3 = 15y + 8 \\ 21z + 5 = 15y + 8 \end{cases}$$

$$\begin{aligned} & 10x + 3 = 15y + 8 \\ +\ & 21z + 5 = 15y + 8 \\ \hline & 10x + 3 - 21z - 5 = 0 \end{aligned}$$

$10x - 21z - 2 = 0$

$10x = 21z + 2$

$$x = \frac{21z + 2}{10}$$

$$x = 2z + \frac{z + 2}{10}$$

$(z + 2)$ は 10 の倍数でないといけない。

また，$2z + \dfrac{z + 2}{10}$ が 60 に近い数のときの z の値は 8，18，28，38 の中の 28

$$x = 2 \times 28 + \frac{28 + 2}{10} = 59$$

$x = 59$ を(1)に代入する

$$\boxed{N} = 10 \times 59 + 3$$

$$= 593 〔人〕$$

$593 \div 6 = 98 \ldots 5$

答　⑤

③　割合と比

No.1

```
A ：  B ：  C
4            7 …×3
       4 ：  3 …×7
```
───────────── 揃える。
$$12 ： 28 ： 21$$
$$12 ： 28 = 3 ：7$$

答　⑤

No.2

x 年後に二人の年齢比が $3:2$ とすると
$$(38 + x) : (11 + x) = 3 : 2$$
$$33 + 3x = 76 + 2x$$
$$x = 43$$

答　⑤

No.3

A さんの月収を A 円とすると，
　　毎月の貯蓄額…$0.12 × A$〔円〕
　　一年間の貯蓄額…$12 × 0.12 × A$〔円〕
貯蓄の 40％が，144,000 円にあたるから，
　　$12 × 0.12 × A × 0.4 = 144000$
これを解いて，
　　$A = 250000$〔円〕

答　④

No.4

	機械 A	機械 B
生産個数	60 個	40 個
不良品	60 × 0.05	40 × 0.025
	＝ 3 個	＝ 1 個

よって，100 個中 4 個が不良品なので 4％

答　④

No.5

B が 100 個作り終えてから，C は何個作らなければならないかを考える。
B, C が 1 分間に作る数は，それぞれ A より 5 個，8 個少ないので，B は 15 個，C は 12 個である。
よって，B が 100 個作ったとき，C が作り終

えた数は，
$$B : C = 15 : 12 = 100 : x$$
$x = 80$ 個
すなわち，B が作り終えたとき，C はあと 20 個作らなければならない。
C が 20 個作るのにかかる時間は，1 分につき 12 個だから，
$$\frac{20}{12} = \frac{5}{3}分$$
$$= 1分 + \frac{2}{3}$$
$$= 1分 40 秒$$

答　③

No.6

$$A : B = 5 : 4 = 15 : 12$$
$$B : C = 3 : 2 = 12 : 8$$
これより，A : B : C = 15 : 12 : 8 となる。
A が出した金額は，
$$\frac{15}{15 + 12 + 8} × (プレゼントの金額) となる$$
ので，
$$930 = \frac{15}{15 + 12 + 8} × (プレゼントの金額)$$
$$= \frac{15}{35} × (プレゼントの金額)$$
$$(プレゼントの金額) = 930 × \frac{35}{15}$$
$$= 2170〔円〕$$

答　②

No.7

A の米 1kg あたりの値段を x 円，B の米 1kg あたりの値段を y 円とする。

$$\begin{cases} \dfrac{1}{3}x + \dfrac{2}{3}y = 1500 \\ \dfrac{2}{5}x + \dfrac{3}{5}y = 1530 \end{cases}$$

これを解いて　　$x = 1800$
　　　　　　　　$y = 1350$
B の 1kg あたりの値段 1,350 円

答　④

No.8

商品 X を購入したときの B の負担額は,

$$6000 \times \frac{3}{5 + 4 + 3} = 1500 〔円〕$$

商品 Y の金額を A 円とすると, このときの B の負担額は,

$$A \times \frac{4}{5 + 4 + 3} = \frac{4}{12}A = \frac{1}{3}A 〔円〕$$

これが等しくなるので,

$$\frac{1}{3}A = 1500$$

$$A = 4500 〔円〕$$

答 ③

No.9

C 組の平均点を x とすると,

$$\frac{72 \times 3 + 36 \times 2 + x \times 1}{3 + 2 + 1} = 60$$

これより, $x = 72〔点〕$

答 ③

No.10

それぞれの集団の人数が 100 人であると考える。

集団 A は, 100 人のうち 20％の人が正答している。

$$100 \times \frac{20}{100} = 20 〔人〕$$

集団 B は, 100 人のうち 35％の人が正答している。

$$100 \times \frac{35}{100} = 35 〔人〕$$

集団 A, B あわせて 200 人のうち, $20 + 35 = 55〔人〕$が正答していることになるから,

$$\frac{20 + 35}{200} \times 100 = 27.5〔％〕$$

答 ③

No.11

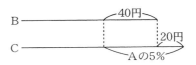

図より, $40 + 20 = 60〔円〕$ が A の所持金の 5％にあたる。

よって, A は $60 \div 0.05 = 1200〔円〕$持っていることが分かる。

したがって, B と C の所持金の和は

$$3000 - 1200 = 1800〔円〕$$

答 ④

No.12

前半の作業では, 混ぜ合わせた後の A, B それぞれの量ははじめと変わらないので, A に入っている水の量と B に入っているオレンジ果汁の量は等しくなる。

よって, ア ＝同じである。

またこの操作を無限に繰り返すと, A と B は限りなく同じ濃度の液体に近づき, 最終的には 2 つを混ぜた濃度になる。

よって濃度は,

$$\frac{0.5}{0.5 + 1.5} \times 100 = \frac{0.5}{2} \times 100 = \frac{50}{2}$$
$$= 25〔％〕$$

つまり, イ ＝ 25 となる。

答 ②

No.13

昨年の男子の人数 x 人
　　　女子の人数 y 人

$$\begin{cases} x + y = 355 & \cdots(1) \\ \dfrac{104}{100}x + \dfrac{95}{100}y = 355 - 2 & \cdots(2) \end{cases}$$

(1), (2)を解いて

$$x = 175$$
$$y = 180$$

今年の男子の人数 $175 \times \dfrac{104}{100} = 182〔人〕$

今年の女子の人数 $180 \times \dfrac{95}{100} = 171$〔人〕

答　①

No.14

1年前を100%とすると，増加後は120%

1年前の女子 → $100\% \times \dfrac{12}{25} = 48$

増加後の女子 → $120\% \times \dfrac{9}{20} = 54$

よって $54 \div 48 - 1 = 0.125$

　　∴　12.5%

答　②

No.15

月給の比が $5:6$ であることから，
定数 K を用いて，A の月給 $= 5K$，B の月給
$= 6K$ とおく。
毎月の貯蓄額は，

A : $5K \times \dfrac{1}{10} = \dfrac{1}{2}K$

B : $6K \times \dfrac{1}{8} = \dfrac{3}{4}K$

一年後の貯蓄額は，

A : $\dfrac{1}{2}K \times 12 = 6K$

B : $\dfrac{3}{4}K \times 12 = 9K$

これより，A : B $= 6K : 9K = 2 : 3$

答　①

No.16

部屋数を x とすると，
条件より団体客の人数は $10x + 10$〔人〕
また，10人の室数と11人の室数は $3:2$ で
あるから，

それぞれ $\dfrac{3}{5}x$ と $\dfrac{2}{5}x$

これを使って団体客の人数を表すと

$10 \times \dfrac{3}{5}x + 11 \times \dfrac{2}{5}x$〔人〕

以上の二式は等しいので

$10x + 10 = 10 \times \dfrac{3}{5}x + 11 \times \dfrac{2}{5}x$

　∴　$x = 25$

したがって，団体客の人数は

　$10x + 10 = 10 \times 25 + 10$
　　　　　$= 260$〔人〕

答　③

No.17

A の月収 $10x$ 万円とすると B は $7x$ 万円。
A の1カ月の支出を $2y$ 万円とすると B は y
万円。
A の1年間の残額は

　$12(10x - 2y) = 60$

B は

　$12(7x - y) = 60$

この連立方程式を解く。

　$10x - 2y = 5$　…(1)

　$7x - y = 5$　…(2)

(1)−(2)× 2

　$4x = 5$

　$x = 1.25$

　∴　A の収入は $1.25 \times 10 = 12.5$〔万円〕
　　である。

答　②

No.18

A 社の男性 → $7k$ 人
A 社の女性 → $3k$ 人 $\Big\}$ $10k$ 人
B 社の男性 → x 人
B 社の女性 → $(x + 24)$ 人 $\Big\}$ $(2x + 24)$ 人

これより

$$\begin{cases} 7k + x = 3k + x + 24 & \cdots(1) \\ 10k : 2x + 24 = 3 : 2 & \cdots(2) \end{cases}$$

(1)より $k = 6 \cdots(1)'$

(1)$'$ を(2)に代入

$$60 : 2(x + 12) = 3 : 2$$
$$6(x + 12) = 120$$
$$x + 12 = 20$$
$$x = 8$$

(B 社の男性) : (B 社の女性) $= 8 : 32$
$$= 1 : 4$$

答 ③

No.19

C からもらったアメ玉を x 個とすると，
B : C $= 4x : x$
食べた個数を y とすると，
$4x - y : x - y = 8 : 1$
このことから，$x : y = 7 : 4$ になり，
$5 \leqq x \leqq 10$ より，$x = 7$，$y = 4$
残っている数は，$7 - 4 = 3$〔個〕

答 ③

No.20

高橋の体重を x，香川の体重を y，下条の体重を z とする。
題意より

$$(x + y) : z = 5 : 2 \quad \cdots(1)$$
$$(y + z) : x = 4 : 1 \quad \cdots(2)$$

(1)より $2x + 2y = 5z \quad \cdots(1)'$

(2)より $y + z = 4x \quad \cdots(2)'$

(2)$'$ より $z = 4x - y$

これを(1)$'$ に代入して

$2x + 2y = 5(4x - y)$
$2x - 20x = -5y - 2y$

$$\therefore \quad x = \frac{7}{18} y$$

また，これを(2)$'$ に代入すると

$$y + z = 4 \times \frac{7}{18} y$$

$$z = \frac{14}{9} y - y = \frac{5}{9} y$$

以上のことから，y を1とすると，x は $\frac{7}{18}$，

z は $\frac{5}{9} = \frac{10}{18}$ となる。

したがって 香川 > 下条 > 高橋

答 ⑤

No.21

今年の3人の年齢を a, b, c $(a < b < c)$ とする。
今年だと2番目の子の受け取り分が300万円であるから，

$$900 \times \frac{b}{a + b + c} = 300$$

$$\therefore \quad a - 2b + c = 0 \quad \cdots(1)$$

来年だと一番上の子が450万円受け取ることになるから，

$$900 \times \frac{c + 1}{a + b + c + 3} = 450$$

$$\therefore \quad a + b - c + 1 = 0 \quad \cdots(2)$$

(1), (2)から，$2a - b + 1 = 0$

$$\therefore \quad b = 2a + 1, \ c = 3a + 2$$

$c < 10$ の条件を満たすのは，$a = 2$ だけである。

$$\therefore \quad a = 2, \ b = 5, \ c = 8$$

答 ④

No.22

男子 : 女子 $= 5 : 4$ で，45人学級であるから，男子は25人女子20人である。
次に，男子の内訳は自転車 : 徒歩 : 電車 $= 2 : 2 : 1$ より，男子の自転車通学は10人，徒歩通学が10人，電車通学が5人である。
自転車通学者の男女比が $5 : 3$ であるから，女子の自転車通学者は6人。
同様に，徒歩通学者の男女比が $5 : 2$ であるから，女子の徒歩通学者は4人。
女子は全部で20人であるから，女子の電車通学者 $= 20 - 6 - 4 = 10$〔人〕

答 ④

No.23

A校の生徒総数を1とするとB校の生徒総数は $\dfrac{4}{5}$

A校の男子を a, 女子を b, B校の男子を a', 女子を b' とする

$$a + b = 1 \quad \cdots(1)$$

$$a' + b' = \frac{4}{5} \quad \cdots(2)$$

$$a : a' = 2 : 3 \rightarrow a = \frac{2}{3}a' \quad \cdots(3)$$

$$b : b' = 3 : 2 \rightarrow b = \frac{3}{2}b' \quad \cdots(4)$$

(3)(4)を(1)に代入

$$\frac{2}{3}a' + \frac{3}{2}b' = 1 \ \text{より}$$

$$4a' + 9b' = 6 \quad \cdots(5)$$

(5)−(2)×4

$$4a' + 9b' = 6$$
$$-)\ \ 4a' + 4b' = \frac{16}{5}$$
$$\overline{\ 5b' = \frac{14}{5}}$$

$$b' = \frac{14}{25}$$

答 ⑤

No.24

求めるものを x とする。

脱会した人数（＝入会した人数）＝ a とすると,

	男性	女性
H26	$\dfrac{6}{13}x$	$\dfrac{7}{13}x$
脱会した後	$\dfrac{6}{13}x - (a - 3)$	$\dfrac{7}{13}x - 3$
H27	$\dfrac{6}{13}x - (a - 3) + a$	$\dfrac{7}{13}x - 3$

H27年の男女比が, 逆転して7：6になったので,

$$\left\{\frac{6}{13}x - (a - 3) + a\right\} : \left(\frac{7}{13}x - 3\right)$$

$$= 7 : 6$$

これを解いて, $x = 39$

答 ⑤

No.25

各教科, 60点以上の人数と60点未満の人数は,

	60点以上	60点未満
国語	60人	40人
数学	50人	50人
英語	30人	70人

これより, ベン図を描く。英語が60点以上であった者は, 国語も60点以上であるため下の図のようになる。

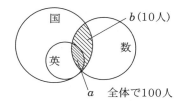

これより,

$$60 + 50 - (a + b) + 5 = 100$$
$$a + b = 15$$

$b = 10$ より,

$$a = 5$$

よって,3教科とも60点以上だったのは5人。

答 ①

④ 損益計算

No.1

定価の1割引きは

1200 − 120 = 1080

しかもなお, 定価の1割5分

1200 × 0.15 = 180

が利益であるので原価は

1080 − 180 = 900

答 ③

No.2

仕入れ値を x 円とすると, 定価 $1.3x$〔円〕,
売価 $1.3x × 0.8$〔円〕

$1.3x × 0.8 − x = 200$

$x = 5000$〔円〕

答 ②

No.3

全生産量を x 個とする。

$$\frac{0.95x × 80 − 0.05x × 360}{x} = \frac{58x}{x} = 58$$

答 ③

No.4

はじめに仕入れた個数を x とする。

はじめの1個の利益は60円, 次に仕入れた
ときの利益は80円なので,

$60x + 80 × 500 = 76000$

よって, $x = 600$〔個〕

答 ④

No.5

(原価) × x = (定価) ⋯(1)

(定価) × 0.88 = (原価) × 1.21 ⋯(2)

(2)に(1)を代入

(原価) × x × 0.88 = (原価) × 1.21

∴ $x = \dfrac{1.21}{0.88} = 1.375$

答 ④

No.6

仕入れ値 = 150 × 20 = 3000〔円〕

求めるものを x 円とすると,

売上高 = $x × 20 = 20x$〔円〕

仕入れ値が売上高の45%以下になればよい
ので,

売上高 × 45% ≧ 仕入れ値

$20x × 45\% ≧ 3000$

$20x × 0.45 ≧ 3000$

$9x ≧ 3000$

$x ≧ 333.333 \cdots$

よって, 定価を334円以上にすればよい。

答 ④

No.7

定価を考える。3割の利益を見込んでいるの
で, 原価の1.3倍が定価。

よって, 1.3 × 300 = 390〔円〕 ⋯(定価)

最後の20個は定価の2割引きで販売したの
で, 定価の0.8倍。よって,

0.8 × (定価) = 0.8 × 390 = 312〔円〕

⋯(最後の20個の売値)

すなわち, 100個のうち80個は390円で,
20個は312円で販売したことがわかる。

利益 = 売上 − 原価より,

(1) 値引前に見込んでいた利益

390 × 100 − 300 × 100 = 9000〔円〕

(2) 20個を値引きしたときの利益

390 × 80 + 312 × 20 − 300 × 100 = 7440〔円〕

求めるものは, (1)と(2)の差額。

9000 − 7440 = 1560〔円〕

答 ④

No.8

はじめに予定していた金額での利益を求め
る。

(売上高) − (仕入額) = 利益より,

1400 × 100 + 1000 × 100 − 20000

= 220000〔円〕

金額を変更した後, Bが x 個売れるとする。
Aは完売すると考えるので, このときの利
益は,

1200 × 100 + 1500 × x − 20000〔円〕

これが予定していた利益以上になればよいの
で,

$$1200 \times 100 + 1500 \times x - 20000 \geqq 220000$$
$$1200 + 15x - 200 \geqq 2200$$
$$15x \geqq 1200$$
$$x \geqq 80$$

よって，Bが80個以上売れれば，予定の利益を得ることができる。

答　④

⑤　食塩水の濃度

No.1

食塩の量は，

$$20 \times \frac{5}{100} + 70 \times \frac{7}{100} + 10 \times \frac{10}{100} = 6.9〔g〕$$

溶液全体の質量は100gなので，

$$\frac{6.9}{100} = 0.069$$
$$0.069 \times 100 = 6.9〔\%〕$$

答　④

No.2

含まれる食塩の量は，

$$\frac{8}{100} \times 50 + \frac{7}{100} \times 60 = \frac{820}{100}〔g〕$$

水をxg加えるとすると，溶液全体の質量は$(110 + x)$gとなる。

これが5%になればよいから，

$$\frac{820}{100(110 + x)} = \frac{5}{100}$$
$$x = 54〔g〕$$

答　②

No.3

初めの5%のときと，食塩を加えた後，水が蒸発した後について，食塩と水（溶媒）の質量を整理する。蒸発した水の質量をxgとすると，

	食塩	水	全体
初め	25 g	475 g	500 g
加えた後	25 + 75 g	475 g	500 + 75 g
蒸発した後	25 + 75 g	$(475 - x)$ g	$(575 - x)$ g

これより，蒸発した後の濃度の式を作ると，

$$\frac{25 + 75}{575 - x} \times 100 = 20$$

計算して，$x = 75$gが得られる。

答　②

No.4

濃度をx%とする。500gの食塩水中の食塩は，

$$\frac{500 \times x}{100} = 5x〔g〕$$

加えた10%の食塩水中の食塩は，

$$\frac{200 \times 10}{100} = 20〔g〕$$

よって，加えた後の食塩の量は，$5x + 20〔g〕$となる。

加えた後の濃度はわかっているので，

$$\frac{700 \times 25}{100} = 175〔g〕$$

すなわち，$5x + 20 = 175$
したがって，$x = 31$

答　④

No.5

6%の食塩水200g中に食塩が12g存在する。20%の食塩水をxg加えるとすると，食塩は$0.2x$g存在することになる。
よって，

$$\frac{(12 + 0.2x)}{(200 + x)} = \frac{10}{100}$$

これを解くと，$x = 80〔g〕$である。

答　③

No.6

食塩水の量をどちらもxg，水の量をygとすると，

全体の質量は，$x + x + y = 500$
また，食塩の量は

$$10 \times x + 5 \times x = 6 \times 500$$

これより，$x = 200$，$y = 100$

答　②

No.7

濃度が 7 % と 12 % の食塩水の質量をそれぞれ xg, yg とする。

全体の量は，$x + y = 500$

食塩の量は，$7x + 12y = 10 \times 500$

よって，$x = 200$〔g〕

答　④

No.8

A から x g を B へ移したときの B の濃度は

$$\frac{0.12x + 0.03 \times 200}{x + 200}$$

この濃度の食塩水 x g を A の残りに加えると 10%になるので

$$x \times \frac{0.12x + 6}{x + 200} + 0.12(300 - x)$$
$$= 0.1 \times 300$$
$$x(0.12x + 6) + 0.12(300 - x)(x + 200)$$
$$= 30(x + 200)$$
$$6x + 12x + 7200 = 30x + 6000$$
$$12x = 1200$$
$$x = 100$$

答　②

⑥　速さの基本

No.1

A，B 間の距離を x km とする。

$$\frac{x}{4} - \frac{x}{12} = 1\frac{2}{3}$$
$$3x - x = 20$$
$$2x = 20$$
$$x = 10$$

答　②

No.2

山頂までの距離を x km とすると

上りに要した時間は $\frac{x}{2}$

下りに要した時間は $\frac{x}{6}$

往復 6 時間だから

$$\frac{x}{2} + \frac{x}{6} = 6$$
$$\frac{3x + x}{6} = 6$$
$$4x = 36$$
$$x = 9$$

答　②

No.3

道のりを x km とする。

時間 $= \dfrac{距離}{速さ}$ なので，行きは $\dfrac{x}{60}$ 時間，帰りは $\dfrac{x}{45}$ 時間かかっている。

学校を出発してから，学校に戻ってくるまで 7 時間 40 分かかっている。

これより，

$$\frac{x}{60} + 3 + \frac{x}{45} = 7 + \frac{40}{60}〔時間〕$$

計算して，$x = 120$ km が得られる。

答　③

No.4

家から駅までを x km とする。

時速 20 km で行くときと時速 15 km で行くときの時間差は

28 分 $= \dfrac{28}{60}$ 時間より

$$\frac{x}{15} - \frac{x}{20} = \frac{28}{60}$$

よって，$x = 28$〔km〕

答　⑤

No.5

A 市と B 市の距離を S km とすると，

往路に要した時間は $\dfrac{S}{120}$

復路に要した時間は $\dfrac{S}{80}$

往復の距離を往復に要した時間で割ると平均時速が出る。

$$\frac{2S}{\dfrac{S}{120}+\dfrac{S}{80}}=\frac{2S}{\dfrac{2S+3S}{240}}$$

$$=\frac{2\times240}{5}$$

$$=96$$

答 ③

No.6

往復にかかった時間を求める。

AB 間の距離を $2a$，BC 間を a とすると，

$$行き：\frac{2a}{2}+\frac{a}{4}=\frac{5}{4}a \ 〔時間〕$$

$$帰り：\frac{a}{2}+\frac{2a}{4}=\frac{4}{4}a \ 〔時間〕$$

よって，往復にかかった時間は，$\dfrac{9}{4}a$ 時間。

往復したときの道のりは，$2(2a+a)=6a$
よって，

$$平均の速さ=\frac{6a}{\dfrac{9}{4}a}$$

$$=6\times\frac{4}{9}=\frac{24}{9}=2.6666\cdots\cdots$$

答 ②

No.7

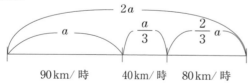

90 km／時　　40 km／時　　80 km／時

$$\frac{2a}{\dfrac{a}{90}+\dfrac{\dfrac{1}{3}a}{40}+\dfrac{\dfrac{2}{3}a}{80}}=\frac{2a}{\dfrac{a}{90}+\dfrac{a}{120}+\dfrac{2a}{240}}$$

$$=\frac{2a}{\dfrac{8a+6a+6a}{720}}=\frac{1440a}{20a}=72$$

答 ④

No.8

A，B 地点間の距離を 1，予定速度を v，渋滞区間を x とすると，

$$\frac{1-x}{v}+\frac{x}{\dfrac{v}{8}}=\frac{4\times1}{v}$$

$$1-x+8x=4$$

よって，$x=\dfrac{3}{7}$

答 ⑤

No.9

30 分間 16 km／時で走ったから 8 km 進んだことになり，残りは 12 km である。20 km を 16 km／時で行くと 1 時間 15 分かかる。

今，修理に 15 分要したから計 45 分使ったわけである。

残り 30 分で残り 12 km を行くには時速 24 km／時でなければならない。

答 ③

No.10

友人の家までの距離を a，初めの自転車の速度を v，求める速度を x とすると，所要時間は，時間＝距離÷速さ　より，

$$所要時間=\frac{a}{v}$$

$$修理でロスした時間\cdots\frac{1}{12}\times\frac{a}{v}$$

$$半分進むのにかかった時間\cdots\frac{a}{2}\div v$$

$$残りの半分にかかる時間\cdots\frac{a}{2}\div x$$

これより，

$$\frac{a}{v}=\frac{a}{2v}+\frac{a}{12v}+\frac{a}{2x}$$

$$\frac{v}{2x}=\frac{5}{12}$$

$$x=\frac{6}{5}\times v$$

よって，$\dfrac{6}{5}$ 倍

答 ③

No.11

自宅から本屋までの道のりを a km とすると，問題文より，

自宅から B 君と出会うまで $\dfrac{2}{5} \times a$〔km〕

B 君と出会ってから別れるまで

$$\dfrac{3}{5} \times a \times \dfrac{3}{4} = \dfrac{9}{20}a \text{〔km〕}$$

B 君と別れてから本屋まで

$$\dfrac{3}{5} \times a \times \dfrac{1}{4} = \dfrac{3}{20}a \text{〔km〕}$$

となる。

徒歩 3.6km/時，自転車 14.4km/時なので，所要時間は，

$$\dfrac{2}{5}a \div 14.4 + \dfrac{9}{20}a \div 3.6 + \dfrac{3}{20}a \div 14.4 \text{〔時間〕}$$

14 時に出て 14 時 35 分に到着しているので，所要時間は 35 分。

よって，

$$\dfrac{2}{5}a \div 14.4 + \dfrac{9}{20}a \div 3.6 + \dfrac{3}{20}a \div 14.4 = \dfrac{35}{60}$$

$$\dfrac{47a}{20 \times 14.4} = \dfrac{35}{60}$$

$$a \fallingdotseq 3.57 \text{〔km〕}$$

よって，最も近いのは 3.6km である。

答 ②

---

⑦ 速さと比

No.1

距離 ÷ 速さ ＝ 時間　の式を用いて，

（AB 間の時間）＋（BC 間の時間）＝ 3 時間 30 分

の式を作る。

求めるものを x〔km〕とすると，

$$\dfrac{2}{5}x \times \dfrac{1}{40} + \dfrac{3}{5}x \times \dfrac{1}{80} = 3 + \dfrac{30}{60}$$

$$\dfrac{x}{100} + \dfrac{3x}{400} = \dfrac{7}{2}$$

これを解いて，$x = 200$〔km〕

答 ④

No.2

出会った場所は Q 町から x km 離れているとすると，出会うまでに A は $(30 + x)$km 進み，B は $(30 - x)$km 進んだ。時間が同一なので，これらの比は 2 人の速さの比と等しい。

よって

$$(30 + x) : (30 - x) = 13 : 7$$
$$7(30 + x) = 13(30 - x)$$
$$20x = 180$$
$$x = 9$$

答 ④

No.3

甲乙間の距離を l，時速 a で走った距離を m とすれば，時速 b で走った距離は，$l - m$

条件から

$$2.5a = l, \quad 2b = l$$

$$\therefore \quad a = \dfrac{2}{5}l, \quad b = \dfrac{l}{2} \quad \cdots(1)$$

また，$\dfrac{m}{a} + \dfrac{l - m}{b} = 2.2$（2 時間 12 分 =

$2\dfrac{12}{60}$ 時間 = 2.2 時間）

これに(1)を代入して m を求めると，

$$m = 0.4l$$

求める比は $0.4l : (1 - 0.4l) = 2 : 3$

答 ②

No.4

バス1の速さをV_1，バス2の速さをV_2とし，すれ違うまでに進んだ距離について式を作ると，

バス1について，

$$V_1 \times t = AB + \frac{3}{4}BC$$

$$t = \frac{AB}{V_1} + \frac{3BC}{4V_1}$$

バス2について，

$$V_2 \times t = CD + \frac{1}{4}BC$$

$$t = \frac{CD}{V_2} + \frac{BC}{4V_2}$$

同時に出発しているので，すれ違うまでの時間は等しい。

$$\frac{AB}{V_1} + \frac{3BC}{4V_1} = \frac{CD}{V_2} + \frac{BC}{4V_2}$$

$V_1 : V_2 = 3 : 2$ より，$V_2 = \frac{2}{3}V_1$ を代入すると，

$$\frac{AB}{V_1} + \frac{3BC}{4V_1} = \frac{3CD}{2V_1} + \frac{3BC}{8V_1}$$

V_1 を消去し，BC = CD を代入すると，

$$AB + \frac{3}{4}BC = \frac{3}{2}BC + \frac{3}{8}BC$$

整理して，$AB = \frac{9}{8}BC$　よって，$\frac{9}{8}$ 倍

答　④

⑧　旅人算

No.1

x 分後に出会うとすると，
姉が進んだ距離は，$360x$〔m〕，
弟が進んだ距離は，$60x$〔m〕，
この合計が，家から学校までの距離と等しい。
よって，$360x + 60x = 2240$

$$420x = 2240$$

$$x = 5 + \frac{140}{420}$$

$$x = 5 + \frac{20}{60}$$

よって，5分20秒後

答　②

No.2

2人が x 分後に出会ったとする。

$$80x - 60x = 600$$

$$20x = 600$$

$$x = 30〔分〕$$

したがって

$$(80 + 60) \times 30 = 4200〔m〕$$

答　④

No.3

弟の速さを x とすると，兄の出発時に，二人の距離は $5x$ であったことになる。
よって，旅人算により，

$$\frac{5x}{450 - x} = 4$$

これを解いて，$x = 200$
したがって，弟の速さは毎分 200 m ということになる。

答　⑤

No.4

弟は出発してから18分たつと $75 \times 18 = 1350$〔m〕進んでおり，あと $(1500 - 1350) \div 75 = 2$〔分〕で着く。それから5分後に列車が出る。兄は駅に着くのに $1500 \div 200 = 7.5$〔分〕かかるので追いつかない。

答　⑤

No.5

追いつく時間を x 分後とすると，
M が走った距離＝S が走った距離＋250 m

$$300x = 250x + 250$$

$$x = 5〔分後〕$$

よって，M 君は A 地点から $300 \times 5 = 1500$〔m〕先の地点でS君に追いつく。よって，1周してAから500m先のところ，すなわちC地点である。

答　①

No.6

A, Bの速度をそれぞれ毎時 a km, b km とすれば, 反対方向に走るとき,

6分 $\left(= \dfrac{1}{10}\text{時間}\right)$ ごとに出会うから, A・B

2台が合わせて10km走ったことになる。

$\therefore \quad \dfrac{a}{10} + \dfrac{b}{10} = 10 \quad \cdots\cdots\text{①}$

同じ方向に走るとAは, 30分 $\left(= \dfrac{1}{2}\text{時間}\right)$

ごとに追い越すから, A・Bが $\dfrac{1}{2}$ 時間走る

差が10kmとなる。

$\therefore \quad \dfrac{a}{2} - \dfrac{b}{2} = 10 \quad \cdots\cdots\text{②}$

①, ②を連立させて解くと,

$\quad a = 60\,\text{km/時}, \ b = 40\,\text{km/時}。$

答 ④

No.7

普通列車が発車してから, 特急列車がB駅を通過するまでの時間を式で表す。

①　普通列車が走った時間＋2分

$\quad \dfrac{24}{90}\,\text{〔時間〕} + \dfrac{2}{60}\,\text{〔時間〕}$

②　特急列車が走った時間＋3分

特急列車の速度を x（km/時）とすると

$\quad \dfrac{24}{x}\,\text{〔時間〕} + \dfrac{3}{60}\,\text{〔時間〕}$

①と②が等しいので,

$$\dfrac{24}{x} + \dfrac{3}{60} = \dfrac{24}{90} + \dfrac{2}{60}$$

$$\dfrac{24}{x} = \dfrac{24}{90} - \dfrac{1}{60}$$

$$= \dfrac{48 - 3}{180}$$

$$x = \dfrac{24 \times 180}{45}$$

$$= 96\,\text{〔km/時〕}$$

答 ②

No.8

はじめにすれ違った（30秒後）とき, AとBが泳いだ距離の合計は, $50 + 50 = 100\,\text{m}$ である。

よって, $V_A\,(\text{m/秒}) \times 30\,(\text{秒}) + V_B\,(\text{m/秒}) \times 30\,(\text{秒}) = 100\,\text{m}$

$$V_A + V_B = \dfrac{10}{3}$$

次にすれ違うまでに泳いだ距離は下の図で表される。

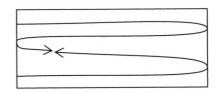

これより, このときまでにAとBが泳いだ距離の和は200mになる。

2回目にすれ違うまでの時間を t とすると,

$$V_A \times t + V_B \times t = 200$$

$$(V_A + V_B)\,t = 200$$

$V_A + V_B = \dfrac{10}{3}$ を代入して,

$$\dfrac{10}{3} \times t = 200$$

$$t = 60\,\text{〔秒後〕}$$

答 ④

No.9

時速を分速に直す。

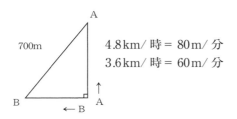

$4.8 \mathrm{km/時} = 80 \mathrm{m/分}$

$3.6 \mathrm{km/時} = 60 \mathrm{m/分}$

a 分後に AB 間の距離が 700 m になるとすると

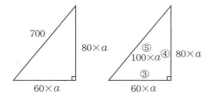

3・4・5 の直角三角形が想定される。

$700 : ○ : ○ = 5 : 4 : 3$
$700 : 560 : 420 = 5 : 4 : 3$
$80a = 560$
$(60a = 420)$
$a = 7$

答　⑤

No.10

話し込んだ時間を t 時間とする。
その間妹は歩いていて，その距離は $4t〔\mathrm{km}〕$ である。
すなわち，$10 - 4t$ の距離に関しては，二人が同じ時間歩いていたことになる。
旅人算より，

$$\frac{(10 - 4t)}{(5 + 4)} + t = 1 時間 15 分 = \frac{5}{4} 時間$$

$$10 - 4t + 9t = \frac{45}{4}$$

$$t = \frac{1}{4}$$

したがって，15 分が正しい。

答　⑤

No.11

A の分速を $x\mathrm{m}$，B の分速を $y\mathrm{m}$，灯台までの距離を d とする。

$$\frac{d + 300}{x} = \frac{d - 300}{y} = 30 \quad \cdots\cdots(1)$$

$$2d = 48x$$
$$d = 24x \quad \cdots\cdots(2)$$

(2)を(1)に代入して

$$\frac{24x + 300}{x} = \frac{24x - 300}{y} = 30$$

$$\frac{24x + 300}{x} = 30 \quad \rightarrow \quad 24x + 300 = 30x$$
$$6x = 300$$
$$\therefore x = 50$$

$$\frac{24x - 300}{y} = 30 \quad \rightarrow \quad 24x - 300 = 30y$$
$$4x - 50 = 5y$$
$$200 - 50 = 5y$$
$$\therefore y = 30$$

灯台までの距離は
$$d = 24x = 24 \times 50 = 1200〔\mathrm{m}〕$$
よって，B の往復にかかる時間は
$$\frac{2400}{30} = 80〔分〕$$
$$\therefore 80 - 48 = 32〔分後〕$$

答　④

⑨　時計算

No.1

5,000 分は 83 時間 20 分である。
83 時間 20 分は 3 日と 11 時間 20 分である。

$$
\begin{array}{r}
83 \\
60\overline{\smash{\big)}\,5000} \\
480 \\
\hline
200 \\
180 \\
\hline
20
\end{array}
\qquad
\begin{array}{r}
3 \\
24\overline{\smash{\big)}\,83} \\
72 \\
\hline
11
\end{array}
$$

現在 9 月 29 日午前 9 時 30 分だから
3 日後（10 月 2 日）の午後 8 時 50 分である。

答　④

No.2

長針と短針が重なっている位置から，次に重なるまでの時間を x 分とすれば，x 分間に長

針は $6x°$ 回転し，短針は $\dfrac{1}{2} x°$ 回転する。長針の回転量と，短針の回転量の差が $360°$ になるときを求めればよいから，

$$6x - \dfrac{1}{2} x = 360$$

$$\therefore \quad x = \dfrac{720}{11} 分 = 65 \dfrac{5}{11} 分$$

$$= 1 時間 5 分 \dfrac{300}{11} 秒$$

$$= 1 時間 5 分 27 \dfrac{3}{11} 秒$$

答 ③

No.3

長針は 1 分間で $6°$

短針は 1 分間で $\left(\dfrac{1}{2}\right)°$ だけ進む。

したがって x 分では $6x°$，$\dfrac{1}{2} x°$ 進む。

ちょうど 8 時のとき，短針と長針は $240°$ の角をなしている。

8 時 x 分で長針と短針が $90°$ の角をなしているとすると次の式が成り立つ。

$$240 + \dfrac{1}{2} x - 6x = 90$$

$$\therefore \quad x = \dfrac{300}{11} = 27 分 16 \dfrac{4}{11} 秒$$

8 時と 9 時の間で短針と長針が $90°$ の角をなすのは 1 回だけである。(一般的には 2 度ある)

答 ③

No.4

10 時ちょうどのとき，長針と短針のなす角は，$60°$ である。

---

1 分間に長針は $\dfrac{360}{60} = 6°$，短針は $\dfrac{30}{60} = 0.5°$

回転するので，1 分間に長針と短針は，
$6° - 0.5° = 5.5°$ ずつ広がっていく。
10 時ちょうどで $60°$ なので，あと $30°$ 広がればよい。

よって，$\dfrac{30}{5.5} = \dfrac{60}{11}$ 分後になる。

これより，午前の時刻は，$10 時 \dfrac{60}{11} 分$。

午後までに短針が $90°$ 回転するので，1 時間で $30°$ だから 3 時間経過したことになる。

よって，$3 時間 + 10 時 \dfrac{60}{11} 分 = 13 時 \dfrac{60}{11} 分$

答 ⑤

⑩ 通過算

No.1

トンネルの長さを x m，貨物列車の速さを a m/秒とすると，行きにかかる時間 50 秒は，

$$\dfrac{200 + x}{a} = 50$$

と表され，客車のかかる時間 20 秒は

$$\dfrac{100 + x}{2a} = 20$$

と表される。
$200 + x = 50a$ と $100 + x = 40a$ から
$$x = 300$$

答 ②

No.2

トンネルの長さを L〔m〕，電車の長さを x〔m〕とする。
時速 72 km ＝秒速 20 m
問題から式を立てると，

$$\dfrac{L + x}{20} = 15, \quad \dfrac{2x}{40} = 2$$

すなわち，$x = 40$，L $= 260$

答 ②

2つの走っている列車がすれ違うとき，(すれ違うまでに走った距離の和)＝(列車の全長の和)が成立する。

すれ違うまでに t 時間かかったとすると，

$$70t + 90t = 0.12 + 0.1$$
$$160t = 0.22$$
$$t = \frac{0.22}{160}〔時間〕$$
$$= \frac{0.22 \times 60 \times 60}{160}〔秒〕$$
$$t = 4.95〔秒〕$$

答 ④

No.4

列車 A の速度を V_A，列車 B の速度を V_B とする。

鉄橋を通過するまでに列車が進んだ距離は，(鉄橋の長さ)＋(列車の長さ)になる。

これより，列車の速度をそれぞれ求めると，

列車 A：

$$V_A \times 50 = 120 + 1500$$
$$V_A = 32.4\,\mathrm{m/秒}$$

列車 B：

$$V_B \times 50 = 160 + 1500$$
$$V_B = 33.2\,\mathrm{m/秒}$$

鉄橋に入ってからすれ違うまでに進む距離の関係は，

(列車 A の移動距離)＋(列車 B の移動距離)
＝(鉄橋の長さ)＋(列車 A の長さ)＋(列車 B の長さ)

よって，t 秒かかったとすると，

$$32.4t + 33.2t = 1500 + 120 + 160$$
$$65.6t = 1780$$
$$t = 27.13\cdots\cdots$$

よって，27 秒。

答 ①

⑪ 流水算

No.1

静水時の船の速さを x km/時，川の流れを a km/時とする。

距離が同じで，時間の比が

(上り)：(下り)＝2：1であるので

速さの比は (上り)：(下り)＝1：2

$$(x - a) : (x + a) = 1 : 2$$
$$(x + a) = 2(x - a)$$
$$x = 3a$$

流れの速さが2倍になると

上りの速さ→ $x - 2a = 3a - 2a = a$

下りの速さ→ $x + 2a = 3a + 2a = 5a$

したがって

速さの比→(上り)：(下り)＝ $a : 5a$

＝1：5

時間の比→(上り)：(下り)＝5：1

答 ③

No.2

流れのない水面上での速さを v，A 地点から B 地点までの距離を x とする。

$$\frac{x}{v - 20} = 2 \times \frac{x}{v + 20}$$
$$v = 60$$

答 ③

No.3

A 市と B 市との距離を x km とし，川の流れを時速 y km として方程式をたてる。

$$\frac{x}{10 + y} + \frac{x}{10 - y} = 10 \quad \cdots(1)$$

$$\frac{x}{12 + y} + \frac{x}{12 - y} = 8 \quad \cdots(2)$$

の連立方程式を解いて x を求めればよい。

まず(1)，(2)を公分母にし計算する。

(1)は $\dfrac{(10 - y)x + (10 + y)x}{10^2 - y^2} = 10$

$$20x = 1000 - 10y^2 \quad \cdots(3)$$

(2)は $\dfrac{(12 - y)x + (12 + y)x}{12^2 - y^2} = 8$

$$24x = 1152 - 8y^2 \quad \cdots(4)$$

(4)×5　$120x = 5760 - 40y^2$
−(3)×4　$80x = 4000 - 40y^2$
　　　　　$40x = 1760$
　　　　　$x = 44$

答 ③

⑫ 仕事算

No.1

全体の仕事量を 1 とすると

A は 1 分で $\dfrac{1}{10}$

B は 1 分で $\dfrac{1}{15}$

C は 1 分で $\dfrac{1}{30}$

の仕事をする。
3 人で一緒にすれば

1 分で $\dfrac{1}{10} + \dfrac{1}{15} + \dfrac{1}{30} = \dfrac{6}{30} = \dfrac{1}{5}$

したがって 5 分で完了する。

答 ②

No.2

1 ケース分の仕事量を W とすると，

装置 A 1 日あたりの仕事量 $= \dfrac{W}{30}$

装置 B 1 日あたりの仕事量 $= \dfrac{W}{30 \times 2}$

x 日かかるとすると，

$\dfrac{W}{30} \times x + \dfrac{W}{60} \times x = W$

これより，$x = 20$

答 ③

No.3

全体の仕事量を 1 とすると

A は 1 日に $\dfrac{1}{9}$

B は 1 日に $\dfrac{1}{10}$

C は 1 日に $\dfrac{1}{15}$ の仕事をする。

A が 6 日したわけだから残りは $\dfrac{3}{9}$

したがって $\dfrac{\dfrac{3}{9}}{\dfrac{1}{10} + \dfrac{1}{15}}$ ……①

で残りの仕事が終わる。

$① = \dfrac{\dfrac{3}{9}}{\dfrac{10}{60}} = \dfrac{180}{90} = 2$

したがって $6 + 2 = 8$〔日〕

答 ④

No.4

全仕事量を 1 とする。

A の 1 日あたりの仕事量 $\rightarrow \dfrac{1}{30}$

B の 1 日あたりの仕事量 $\rightarrow \dfrac{1}{20}$

3 人の 1 日あたりの仕事量 $\rightarrow \dfrac{1}{6}$

よって
C の 1 日あたりの仕事量 $\rightarrow$

$\dfrac{1}{6} - \left(\dfrac{1}{30} + \dfrac{1}{20} \right) = \dfrac{1}{12}$

したがって

$1 \div \dfrac{1}{12} = 12$〔日〕

答 ①

No.5

A 1 人では x 日かかるとすると

$\rightarrow$ A 1 人 1 日では全体の $\dfrac{1}{x}$ である。

B 1 人では $\dfrac{3}{2} x$ 日かかる。

$\rightarrow$ B 1 人 1 日では全体の $\dfrac{2}{3x}$ できる。

2 人ですると

$\left(\dfrac{1}{x} + \dfrac{2}{3x} \right) \times 15 = 1$

$x = 25$〔日〕

答 ④

No.6

仕事の量を W とすると
A の 1 日の仕事量は

$$\frac{W}{20}$$

Ａがまず４日やったわけだから

$\frac{4W}{20}$ を終わったことになり，

残りは $W - \frac{4W}{20}$

これを（12 − 4）で割るとＢの１日の仕事量が出る。

$$\frac{\frac{16W}{20}}{12 - 4} = \frac{16W}{20 \times 8} = \frac{16W}{160} = \frac{W}{10}$$

したがってＢは10日でこの仕事を終わる。

答　①

No.7

普通の人１人が１時間にする仕事量を１とする。

３人で４時間かかるので，この仕事は12の仕事量である。

２時間は３人で仕事をしたので，６だけ仕事量は減った。そして６の仕事量が残った。

仕事の速い人が，普通の人の x 倍の速さであるとすると，１時間で残りの仕事が終わったので，

（ 3 + x ）× 1 = 6

よって，x = 3

答　④

No.8

総仕事量を１としてＡ，Ｂそれぞれの１日の仕事量を a, b とすると，

$$a = \frac{1}{40}$$

30 ($a + b$) = 1 より，$b = \frac{1}{120}$

これより，かかった日数は，

$$\frac{3}{10} \div \frac{1}{40} + \frac{7}{10} \div \frac{1}{120} = 96〔日〕$$

よって，96日目で終わる。

答　②

No.9

仕事量を１とすると，１日あたりにそれぞれが行う仕事量は，Ａが $\frac{1}{12}$，Ｂが $\frac{1}{9}$ となる。

(1)　ＡとＢが少なくとも何日ずつ働くかを考える。

x 日ずつ働いたとすると，

$$\frac{1}{12} x + \frac{1}{9} x = 1$$
$$x = 5 + \frac{1}{7}$$

これより，それぞれ５日は働くことがわかる。

(2)　５日ずつ働いた時点で，残った仕事量を考える。

$$1 - \left(\frac{1}{12} \times 5 + \frac{1}{9} \times 5 \right)$$
$$= \frac{1}{36}$$

これは，Ａが１日に終わらせる仕事量より少ないので，11日目にＡが終わらせることがわかる。

答　⑤

No.10

それぞれ，単位時間あたりの仕事量を考える。仕事Ａ：仕事Ｂ ＝ 3：4 より，仕事Ａ ＝ 3W，仕事Ｂ ＝ 4W とする。

（加藤君）× $\left(2 + \frac{30}{60} \right)$ = 3W

（加藤君） = $\frac{6}{5} W$

（安田さん）× $\left(2 + \frac{50}{60} \right)$ = 4W

（安田さん） = $\frac{24}{17} W$

加藤君が仕事Ｂを x 時間で終わらせるとすると，

$$4W = \frac{6}{5} W \times x$$
$$x = \frac{6}{20} 〔時間〕$$

$$= \frac{200}{60} = 3 + \frac{20}{60}$$

よって，3 時間 20 分かかる。

安田さんが仕事 A を y 時間で終わらせるとすると，

$$3W = \frac{24}{17} W \times y$$

$$y = 3 \times \frac{17}{24}$$

$$= \frac{127.5}{60}$$

$$= 2 + \frac{7.5}{60}$$

よって，2 時間 08 分かかる。

答　⑤

⑬　数の性質（約数・倍数・n 進法）

No.1

100 から 200 までで $3 \times 4 = 12$ の倍数はいくつあるかを考えればよい。

つまり倍数の数を A とすると

$$100 \leq 12A \leq 200$$

1 から 200 の中には $200 \div 12 = 16\ldots8$

16 個ある

1 から 100 の中には $100 \div 12 = 8\ldots4$

8 個ある

したがって 100 から 200 までの間には

$$16 - 8 = 8$$

8 個あることがわかる。

答　①

No.2

5 で割ると 3 余り，7 で割ると 4 余る最小の自然数は 18 である。

18 以降でこの 2 つの条件を満たすものは，35(5 と 7 の最小公倍数)おきに出てくるので，すべて書き出すと，

18, 53, 88, 123, 158, 193……

となり，100 ～ 200 の間にあるものは

123, 158, 193 の 3 個

答　③

No.3

6 で割ると 5 余る数を $6m + 5$

8 で割ると 7 余る数を $8n + 7$

で表すと $6m + 5 = 8n + 7 \leq 250$

両辺に 1 を加えると

$$6m + 6 = 8n + 8 \leq 251$$

$$6(m + 1) = 8(n + 1) \leq 251$$

251 以下で 6, 8 の最小公倍数 24 で割れる数は

$$250 \div 24 = 10\ldots10$$

10 個ある。

答　②

No.4

3 で割れるということで

51 と 81

5 で割って 1 余りは 51 も 81 も。

4 で割って 1 余りは 81 のみ。

答　③

No.5

どれで割っても割り切れる数は，4, 15, 26 の公倍数を約数に持つものである。

$$4 = 2 \times 2$$

$$15 = 3 \times 5$$

$$26 = 2 \times 13$$

よって，公倍数は

$$2 \times 2 \times 3 \times 5 \times 13 = 780 \text{ である。}$$

4 ケタの整数のうち，780 で割り切れる最も小さい数は，

$$780 \times 2 = 1560$$

780 で割り切れる最も大きい数は，

$$\frac{10000}{780} = 12.82\cdots$$

よって，$780 \times 12 = 9360$

この差が答えである。

$$9360 - 1560 = 7800$$

答　④

No.6

47, 54, 75 から 5 を引いた数，42, 49, 70 がある整数で割り切れるわけだから，選択肢の中からこれの公約数を求めればよい。

$$7\underline{)\ 42\quad 49\quad 70}$$
$$6\quad 7\quad 10$$
公約数は 7 である。

答　②

No.7

素因数分解する。

$540 = 2^2 \times 3^3 \times 5$

よって，約数の総和は

$(2^2 + 2^1 + 1)(3^3 + 3^2 + 3^1 + 1)(5 + 1)$

$= 7 \times 40 \times 6$

$= 1680$

答　③

No.8

素因数分解する。

$180 = 2 \times 2 \times 3 \times 3 \times 5$

$360 = 2 \times 2 \times 2 \times 3 \times 3 \times 5$

$378 = 2 \times 3 \times 3 \times 3 \times 7$

$630 = 2 \times 3 \times 3 \times 5 \times 7$

共通因数の数が多い組合せほど，公約数の数が多い。

180 と 360 の 2, 2, 3, 3, 5 の 5 個が一番多い。

答　④

No.9

$\dfrac{3}{4}$ をかけて整数になるのは 4 の倍数。

また，$\dfrac{7}{5}$ で割って整数になるのは 7 の倍数。

よって，求めるものは 4 と 7 の最小公倍数である。28 が正しい。

答　⑤

No.10

$126 = 2 \times 3 \times 3 \times 7$

2 数は 2 ケタの整数

だから 18 と 21，63 と 42 など

$\underline{63} \times \underline{42} = 2646$

63 と 42 の最大公約数は 21

答　③

No.11

ある数をそれぞれ A と B とすると A は 47 － 7，63 － 7，79 － 7，つまり 40，56，72 の公約数で 7 より大きい。（A ≧ 8）

40，56，72 の最大公約数は 8 であるから，A ≧ 8 を満たすのは A = 8 だけである。

$$8\underline{)\ 40\quad 56\quad 72}$$
$$5\quad 7\quad 9$$

また，B は 12，18，30 の最小公倍数より 8 だけ大きい数であるから次の計算から 188 である。

$$6\underline{)\ 12\quad 18\quad 30}$$
$$2\quad 3\quad 5$$

12，18，30 の最小公倍数は，

$6 \times 2 \times 3 \times 5 = 180$

∴　B = 180 + 8 = 188

したがって A，B の差は

B － A = 188 － 8 = 180

答　②

No.12

A + B = 85

G を最大公約数とすると，

A = aG

B = bG

$G(a + b) = 85$　85 は 17 × 5

G は 2 ケタだから，17(5) = 85

$a + b = 5$ だから，条件からして 2 と 3 である。

したがって，17 × 2 = 34

17 × 3 = 51

34 × 51 = 1734

答　②

No.13

最小公倍数を考える。

$20 = 2 \times 2 \times 5$

$24 = 2 \times 2 \times 2 \times 3$

よって，最小公倍数は

$2 \times 2 \times 2 \times 3 \times 5 = 120$

縦は，$\dfrac{120}{20} = 6$〔枚〕

$$横は，\frac{120}{24} = 5〔枚〕$$

これより，$6 \times 5 = 30$〔枚〕

答　③

No.14

全体の数を N とすると，

$N = 5a + 4$

$N = 6b + 4$

という式を立てることができる。

これらの式から，$N - 4 = 5a$，$N - 4 = 6b$
という式が得られる。

これは，$N - 4$ が 5 と 6 の公倍数であること
を示している。すなわち，30 の倍数である。
30 の倍数は，30，60，90，120，150，180 で
ある。（200 人以下なので 180 まででよい）
よって，N の候補は 34，64，94，124，154，
184 である。
このうち，7 で割り切れるのは 154 である。
よって，154 人が正解である。

答　③

No.15

生徒数は，分けた鉛筆の本数とノートの冊数
の公約数である。

$148 - 20 = 128$〔本〕

$100 - 4 = 96$〔冊〕

つまり，128 と 96 の公約数で 20 より大きい
ものとなる。

$$
\begin{array}{r|rr}
2 & 128 & 96 \\ \hline
2 & 64 & 48 \\ \hline
2 & 32 & 24 \\ \hline
2 & 16 & 12 \\ \hline
2 & 8 & 6 \\ \hline
& 4 & 3
\end{array}
$$

$\{1,\ 2,\ 2^2,\ 2^3,\ 2^4,\ 2^5\}$
題意に適するものは　$2^5 = 32$

答　⑤

No.16

4，6，9 の最小公倍数は 36 なので，36 分ご
とに同時に出発する。

よって，7 時，7 時 36 分，8 時 12 分，8 時 48 分，
9 時 24 分，10 時，10 時 36 分の 7 回。

答　⑤

No.17

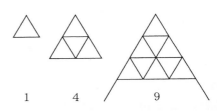

1　　　4　　　　9

図のようにしてタイルの枚数を数えると
1　4　9
となるので，1^2，2^2，3^2……のように自然数
の 2 乗になる。

よって，タイルの枚数は $(x^2 + 5)$ 枚
5 を引いて x^2 になるものは

$12^2 + 5 = 149$

◎ $13^2 + 5 = 174$

$14^2 + 5 = 201$

答　③

No.18

与式より $60A = B^3$ で，$60 = 2^2 \times 3 \times 5$ だ
から

B^3 の最小値は $2^3 \times 3^3 \times 5^3$
よって，$A = B^3 \div 60$ より

$A = (2^2 \times 3^3 \times 5^3) \div (2^2 \times 3 \times 5)$

$= 2 \times 3^2 \times 5^2$

$= 450$

答　⑤

No.19

$$
\begin{array}{cccccc}
1 & 1 & 0 & 0 & 1 & 1 \quad より \\
\uparrow & \uparrow & \uparrow & \uparrow & \uparrow & \uparrow \\
2^5 & 2^4 & 2^3 & 2^2 & 2 & 1
\end{array}
$$

$1 \times 2^5 + 1 \times 2^4 + 0 \times 2^3 + 0 \times 2^2 + 2 + 1$
$= 51$

答　①

No.20

2102 を 10 進法で表すと

$2 \times 3^3 + 1 \times 3^2 + 2 = 65$

$65 \div 5 = 13$

13 を 2 進法で表すと

$$\begin{array}{r} 2\,)\ \underline{13} \\ 2\,)\ \underline{\ \ 6} \cdots\cdots\cdots 1 \\ 2\,)\ \underline{\ \ 3} \cdots\cdots\cdots 0 \\ \underline{\ \ 1} \cdots\cdots\cdots 1 \\ 1\ \ 1\ \ 0\ \ 1 \end{array}$$

答　①

No.21

6 進法の 42 を 10 進法になおすと，

$4 \times (6)^1 + 2 \times (6)^0$

$= 24 + 2$

$= 26$

n 進法の 122 を 10 進法になおすと，

$1 \times (n)^2 + 2 \times (n)^1 + 2 \times (n)^0$

$= n^2 + 2n + 2$

よって，

$n^2 + 2n + 2 = 26$

$n^2 + 2n - 24 = 0$

$(n + 6)(n - 4) = 0$

これより，$n = 4,\ -6$

$n > 0$ であるから，$n = 4$

答　③

⑭　覆面算

No.1

$A + A \times B + A \times C = A \times (1 + B + C)$

である。

$A + B + C = 10$ より，$B + C = 10 - A$ なので，これを上の式に代入すると，

$A \times (1 + B + C) = A \times (1 + 10 - A)$
$= A \times (11 - A)$

よって，

$A \times (11 - A) = 24$

$A^2 - 11A + 24 = 0$

$A = 3,\ 8$

$A = 8$ にすると，$B = 1$，$C = 1$ となるので不適である。

よって，$A = 3$

したがって，$B + C = 7$ より

$A - (B + C) = -4$

答　③

No.2

$$\frac{A}{3} \times 4 - B = 1$$

$$\therefore\ B = \frac{4}{3}A - 1$$

上式から A は 3 の倍数であるはずである。

したがって 6 か 9

$A = 6$ のとき

$B = 8 - 1$
$= 7$

$A = 9$ のとき

$B = 12 - 1$
$= 11$

条件から $B = 11$ は不適。

したがって $A = 6$，$B = 7$

$\therefore\ A + B = 13$ である。

答　③

No.3

○1の位

1の位の答えが3なので，A＋D＝10である。

A＋D＋3＝13

○100の位

答えがBではなく3なので，B＋1＝3である。

よって，B＝2

○10の位

1の位から1だけ繰り上がっているので，

3＋3＋C＋1＝10＋A

C＝3＋A

○問題より，A＋B＋C＋D＝16なのでこれに代入する。

A＋B＋C＋D＝16

B＝2より，A＋2＋C＋D＝16

A＋C＋D＝14

A＋D＝10より，10＋C＝14

よって，C＝4

C＝3＋Aより，A＝1

A＋D＝10より，D＝9

答 ①

No.4

アより 3A＝B …(1)

(1)をウに代入

3A－C＝A

C＝2A

よって

A：B：C＝A：3A：2A …(2)

(2)をイの左辺に代入

$$\frac{3 \times 2A}{A} = B$$

B＝6，A＝2，C＝4

∴ A＋B＋C＝2＋6＋4＝12

答 ①

No.5

```
        3  4
    ×   a  b
   ○ ○ ○
 ○ ○ ○
 ○  3  4  ⓓ
```

この位置は1か2か3である。3になる場合はaが9しかなく34×9＝306で6は有り得ないので×。

したがって1か2である。

するとaは3から6までの数字。aを3とするとbは9しかない。すると

34×39＝1326

↓

ここが違う。

```
        3  4
    ×   a  b
   ○ ○ ○
 1 ○ ○ ○
 ⓒ  3  4  ⓓ
```

同様に

a＝4の場合も×

a＝5の場合も×

a＝6の時は

ここは3だからbは9しかない。

34×69＝2346 ○

```
        3  4
    ×   6  b
   ○ ○ ○
 2  0  4
 2  3  4  ⓓ
```

a＋b＋c＋d

＝6＋9＋2＋6

＝23

答 ②

No.6

```
      Ⓐ  3  Ⓑ
    ×    2  4
      9  Ⓒ  Ⓖ
   4  7  Ⓓ
   5  7  3  6
```

→この1ケタ目が6だからBは4か9である。

しかしBが4ならDが1あがらないので×

Bは9である。すると，

Ⓐ39×2＝47Ⓓ

だから，D＝8 C＝5 A＝2

```
      2  3  9
    ×    2  4
      9  5  6
   4  7  8
   5  7  3  6
```

となる。

2＋9＋5＋8＝24

答 ③

No.7

```
      d c 6 a
   ×      2 b
   2 □ □ □ 5
   □ 5 □ 6
   □ X 6 5 □ 5
```

a×2で1ケタ目が6になるのは，3か8の2通り。このうち，a×bの1ケタ目が5になるにはa＝3しかない。

a＝3ならb＝5

```
      d c 6 3
   ×      2 5
   2 e f g 5
   h 5 i 6
   j X 6 5 k 5
```

g＝1

i＝2　したがってk＝3

　　　　　　　　　f＝3

```
      4 2 6 3
   ×      2 5
   2 1 3 1 5
   h 5 2 6
   j X 6 5 7 5
```

i＝2　だから　f＝3

ということは　e＝1

すると　c＝2

　　　　d＝4

　　　　h＝8

よってX＝0

　　　　j＝1

答　①

No.8

```
              9
   ア イ) A 9 9 B
          ウ エ オ
            2 5
```

これより，エ＝7，オ＝4と分かる。

よって　イ＝6

ア×9の下1ケタと5（6×9＝54）を足すとエ＝7となるので

ア×9の下1ケタは2である。

よって，ア＝8となり，ウ＝7，A＝7である。

```
                 9 カ
   8 6) 7 9 9 B
         7 7 4
           2 5 キ
         ク ケ コ
               0
```

86×カ＝25キであるから

カ＝3しかありえない。

クケコ＝258となり

B＝8

したがって

　A＋B＝7＋8＝15

答　⑤

No.9

```
               6 □ …解
   97) 6 □ □ □ …(1)
        5 8 2    …(2)
          7 □ □  …(3)
          7 □ □  …(4)
               0
```

余りが0なので，(3)と(4)の数は等しい。

解を6aとすると，(4)に入る数は

97×a＝7□□である。

　97×9＝873

　97×8＝776

　97×7＝679

であるから，a＝8である。よって，解は68。

(3)，(4)は776である。

(1)＝97×解＝97×68＝6596

これは，(3)，(4)に矛盾しない。

```
               6 8 …解
   9 7) 6 5 9 6 …(1)
        5 8 2    …(2)
          7 7 6  …(3)
          7 7 6  …(4)
               0
```

□に入る数の合計は，

　8＋5＋9＋6＋7＋6＋7＋6＝54

答　③

No.10

$$A + B - C = 13 \quad \cdots(1)$$
$$A \times B - A \times C = 36 \quad \cdots(2)$$

(2)より，$A(B - C) = 36$

$$B - C = \frac{36}{A}$$

これを(1)に代入して，

$$A + \left(\frac{36}{A}\right) = 13$$

A をかけて

$$A^2 + 36 = 13A$$
$$A^2 - 13A + 36 = 0$$
$$(A - 4)(A - 9) = 0$$

これより，$A = 4, 9$

$A = 4$ のとき，(2)より，

$$B - C = \frac{36}{4} = 9$$

　$B = 9 + C$ で $B > A$ となるため不適。

$A = 9$ のとき，(2)より，

$$B - C = \frac{36}{9} = 4$$

よって，$A - B + C$
$$= A - (B - C)$$
$$= 9 - 4 = 5$$

答　③

No.11

$$A \times B - A \times C = 28 \quad \cdots(1)$$
$$A - B + C = 3 \quad \cdots(2)$$

(1)を整理すると，
　$A(B - C) = 28 \quad \cdots(1)'$

(2)を変形すると，
　$A - (B - C) = 3$
　　$(B - C) = A - 3$　となる。

これを(1)′に代入すると，
　$A(B - C) = 28$
　$A(A - 3) = 28$

展開して整理すると，
　　$A^2 - 3A - 28 = 0$
　$(A - 7)(A + 4) = 0$

これより，$A = -4, 7$

A は 1〜9 の正の数なので $A = 7$ が正しい。

答　③

No.12

A，B，C，D，E は連続しているので，
A + 1 = B，B + 1 = C…の関係にある。
CBE − DA = BEA を筆算であらわすと，

```
      C  B  E
 −)      D  A
 ─────────────
      B  E  A
```

となる。
これより，$E - A = A$
　$E = 2A$ であることがわかる。
また 5 つの数は連続しているので，
　$A + 4 = E$
これより，$A + 4 = 2A$ となるので $A = 4$
であることがわかる。
よって，A，B，C，D，E は 4，5，6，7，8
になる。
　CBE + DA = 658 + 74 = 732
100 の位は 7 だから，答えは D。

答　④

第2章　図　形

（問題，本文 116 ページ）

No.1

8本であるから，今，一本の直線をとって考えると7個の交点がある。次の一本は6個以下 5，4，3，2，1 となる。
よってその和 28 個が交点の数である。

答　④

No.2

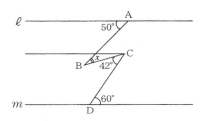

C を通り ℓ，m に平行線を引く

$\angle x = 180° - (180° - 50°) - (60° - 42°) = 32°$

答　③

No.3

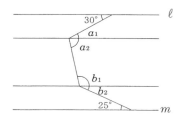

ℓ と m の間に2本の平行線を引き，それぞれの角を図のように a_1，a_2，b_1，b_2 とする。
錯角は等しいので $a_1 = 30°$，$b_2 = 25°$
また $a_2 + b_1 = 180°$ になるので

$a + b = 30° + 25° + 180° = 235°$

答　④

No.4

BC に補助線を引き，△ABC について考える。
三角形の内角の和より，

$$\angle E + \angle EBC + \angle ECB = 180°$$
$$120° + \angle EBC + \angle ECB = 180°$$
$$\angle EBC + \angle ECB = 60° \quad \cdots(1)$$
$$\angle A + \angle ABC + \angle ACB = 180°$$
$$60° + 2(\angle ABD + \angle ACD)$$
$$+ \angle EBC + \angle ECB = 180°$$

(1)より，

$$60° + 2(\angle ABD + \angle ACD) + 60° = 180°$$
$$\angle ABD + \angle ACD = 30°$$

これより，

$$\angle D = 180° - \{(180° - 60°) - (\angle ABD + \angle ACD)\}$$
$$= 180° - (120° - 30°)$$
$$= 90°$$

答　③

No.5

$\angle AC'F$ と $\angle C'FC$ は錯角の関係にあるので

$$2x = 80°$$
$$x = 40°$$

これより，$\angle C'EF = 180° - 90° - 40°$
$$= 50°$$

よって，$\angle C'EC = 2\angle C'EF = 100°$
$$y = 180° - 100° = 80°$$

答　④

No.6

小さい正三角形と大きい正三角形と重なった部分(正三角形)の辺の比は，

$$5 : 7 : 2$$

よって面積比 ＝ (相似比)^2 より

$$S_1 = 5^2 - 2^2 = 21$$
$$S_2 = 2^2 = 4$$
$$S_3 = 7^2 - 2^2 = 45$$
$$\therefore \ S_1 : S_2 : S_3 = 21 : 4 : 45$$

答　④

No.7

AB // DC より，△ABE ∽ △CDE。

よって，AB : CD = 3 : 5 より，

BE : ED = 3 : 5 であることがわかる。

これより，△BDC において，EF // DC より

DC : EF = BD : BE

5 : EF = (3 + 5) : 3

よって，EF = $\dfrac{15}{8}$

答　④

No.8

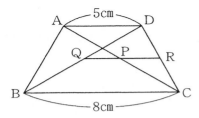

QP の延長線と DC の交点を R とすると R は DC の中点。

$QR = \dfrac{1}{2} BC = 4 \,〔cm〕$

$PR = \dfrac{1}{2} AD = 2.5 \,〔cm〕$

$PQ = QR - PR = 1.5 \,〔cm〕$

答　②

No.9

三角形の辺の長さは，任意の二辺の長さの和が，残りの一辺の長さより長くなければならない。よって，三角形ができないのは③である。

答　③

No.10

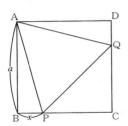

BP = x cm とする

三平方の定理より

$AP = \sqrt{a^2 + x^2}$

また　AP = PQ = PC√2 より

$\sqrt{a^2 + x^2} = \sqrt{2}\,(a - x)$

平方して整理すると

$x^2 - 4ax + a^2 = 0$

∴　$x = 2a \pm \sqrt{3}\,a$

題意より　BP < a なので

$x = (2 - \sqrt{3})\,a\,〔cm〕$

答　⑤

No.11

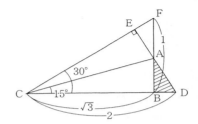

図のように BA の延長と，∠BCF = 30° になるように C から直線を引き，その交点を F，A から CF に垂線を下ろし，その交点を E，E から直線を引き，CB の延長とのその交点を D とする。

すると CD = CF = 2

△ABD において

BD = $2 - \sqrt{3}$

∴　AB = $\sqrt{3}\,(2 - \sqrt{3})$

　　　= $2\sqrt{3} - 3$

答　③

No.12

塔の高さを $\sqrt{3}a$ とすると図のようになる。

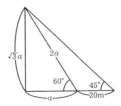

塔の高さ$\sqrt{3}a = a + 20$

$a(\sqrt{3} - 1) = 20$

$$a = \frac{20}{\sqrt{3} - 1}$$

$$= \frac{20(\sqrt{3} + 1)}{(\sqrt{3} - 1)(\sqrt{3} + 1)}$$

$$= \frac{20(\sqrt{3} + 1)}{2}$$

$$= 10(\sqrt{3} + 1)$$

$$≒ 27.3$$

∴ 塔の高さは47.3m（$a + 20$m）

答　②

No.13

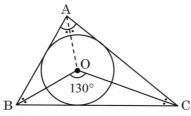

点Oが内心だから

$$\frac{1}{2}\angle B + \frac{1}{2}\angle C = 180° - 130°$$

$$= 50°$$

∴ $\angle B + \angle C = 100°$

$\angle A + \angle B + \angle C = 180°$だから

$\angle A$は80°

答　⑤

No.14

点Dは△ABCの内心となり，ADも∠BACの二等分線となる。

$$\angle BDC = 180° - \frac{1}{2}(\angle B + \angle C)$$

$$= 180° - \frac{1}{2}(180° - \angle A)$$

$$= 180° - 90° + \frac{1}{2}\angle A$$

$$= 90° + \frac{1}{2}\angle BAC$$

よって，

$$\angle BDC - \frac{1}{2}\angle BAC = 90°$$

答　⑤

No.15

$FQ = EQ = a$ cmとし，$DQ = x$ cmとする。

$$a + 2 + x = 6 \quad \cdots(1)$$

$$a^2 = 2^2 + x^2 \quad \cdots(2)$$

(1)(2)より $2^2 + x^2 = (4 - x)^2$

$$x = 1.5〔cm〕$$

答　①

No.16

△ACDは90°，60°，30°の直角三角形。よって，AB = DC = 3cmだから，

$$AD = BC = \frac{3}{2} \text{ cm}$$

$$AC = \frac{3\sqrt{3}}{2} \text{ cm}$$

これより，

$$\frac{1}{2} \times \frac{3}{2} \times \frac{3\sqrt{3}}{2} \times 2 = \frac{9\sqrt{3}}{4}$$

答　②

No.17

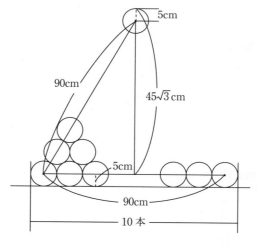

図のように，ピラミッドの端の円の中点を結ぶと一辺が90cmの正三角形ができる。よって，三角形の高さは$45\sqrt{3}$cm。

また，地上から頂点までなので，三角形の上下の半径 5 cm ずつも合わせる。

よって，$(10 + 45\sqrt{3})$ cm。

答　②

No.18

ア：$10 \times 10 - 10 \times 10 \times \pi \times \dfrac{1}{4} = 100 - 25\pi$

イ：$\left(10 \times 10 \times \pi \times \dfrac{1}{4} - 10 \times 10 \times \dfrac{1}{2} \right) \times 2$

$= 50\pi - 100$

〈別解〉

$10 \times 10 - 2\underset{\text{アの面積}}{(\underline{100 - 25\pi})} = 50\pi - 100$

答　②

No.19

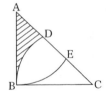

扇形 CBD の面積は

$\dfrac{1}{8}(\pi r^2) = \dfrac{1}{8}\pi \times 16$

$= 2\pi \,(\text{cm}^2)$

$\triangle ABC = \dfrac{16}{2} = 8 \,(\text{cm}^2)$

斜線部 ABD の面積は　$8 - 2\pi$
したがって BED の面積は

$2\pi - (8 - 2\pi)$

$= 4\pi - 8$

$= 12.56 - 8$

$= 4.56 \,(\text{cm}^2)$

答　④

No.20

円の中心を C とする。$\angle AOC = 30°$ なので，$\triangle AOC$ は $30°, 60°, 90°$ の直角三角形である。
$AO = 3$ なので，$AC = \sqrt{3}$，よって，

$\triangle AOC$ の面積は $\dfrac{3\sqrt{3}}{2}$ である。

同じように，$\triangle BOC = \dfrac{3\sqrt{3}}{2}$，2つの三角形をあわせると，面積は $3\sqrt{3}$ である。
2つの三角形を除いた後の扇形について，
$\angle ACB$ の外角 $= 240°$ なので，
面積を求めると，

$S = \pi \times (\sqrt{3})^2 \times \dfrac{240}{360} = 2\pi$

したがって，斜線部の面積は，
$3\sqrt{3} + 2\pi$

答　④

No.21

図の斜線部分の面積を求めればよい。
$4 \times 10 \,(\text{cm}^2)$ の長方形が4つと，半径 4 cm の円が1つ。

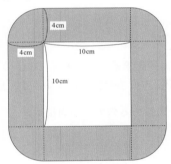

よって，
$4 \times 10 \times 4 + 4 \times 4 \times \pi = 160 + 16\pi \,(\text{cm}^2)$

答　②

No.22

斜線部の面積は，中心角が $60°$ の扇形 OAB の面積に等しいので

$2 \times 2 \times \pi \times \dfrac{1}{6} = \dfrac{2}{3}\pi \,(\text{cm}^2)$

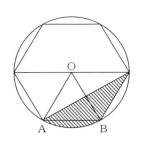

答 ③

No.23

求める円の半径を x とすると

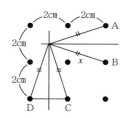

$$x = \sqrt{3^2 + 1^2}$$
$$= \sqrt{10}$$

したがって面積は $\pi(\sqrt{10})^2$ だから

$$10\pi = 31.4$$

答 ④

No.24

A の面積を求めるには扇形 OPQ の面積から △OPQ の面積を引けばよい。まず扇形 OPQ は $\frac{1}{3}$ 円であるのでその面積は

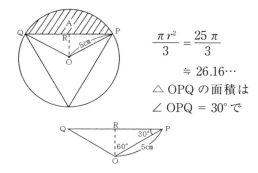

$$\frac{\pi r^2}{3} = \frac{25\pi}{3}$$
$$\fallingdotseq 26.16\cdots$$

△OPQ の面積は
$\angle OPQ = 30°$ で

△OPR は直角三角形
したがって OR : OP : PR = 1 : 2 : $\sqrt{3}$

$$\therefore \quad OR = 2.5\,\text{cm}$$
$$PR = 2.5\sqrt{3}\,\text{cm}$$
$$\triangle OPR = \frac{2.5 \times 2.5\sqrt{3}}{2}$$
$$\triangle OPQ = 2.5 \times 2.5\sqrt{3}$$

$$\fallingdotseq 10.82\cdots$$

したがって扇形 OPQ － △OPQ

$$\fallingdotseq 15.3\cdots である。$$

答 ⑤

No.25

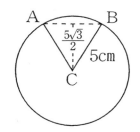

弧 AB は $\frac{1}{6}$ 円周であることに留意。

△ABC は正三角形。（三辺が各半径）
正三角形 ABC の面積は

$$\frac{5}{2} \times \frac{5\sqrt{3}}{2} = \frac{25\sqrt{3}}{4}$$
$$\fallingdotseq 10.8 \quad \cdots(1)$$

$\frac{1}{6}$ 円 ABC の面積は

$$\frac{\pi r^2}{6} = \frac{25\pi}{6} \fallingdotseq 13.1 \quad \cdots(2)$$

この斜線部分の面積は,
$$13.1 - 10.8 = 2.3$$
$$\cdots(3)$$

求める斜線部分は
(1)+(3)×3 である。

$$\therefore \quad 10.8 + 2.3 \times 3$$
$$= 17.7$$

答 ③

No.26

底辺と高さをよく確認して
$$a = b = d = c = g$$
$$e = f > d$$
であることが分かる。
正解は④である。

答 ④

No.27

△ EAB ∽△ FCE である。

BE：EC ＝ 3：2 　…(1)

AE：EF ＝ 3：2

→ AF：EF ＝ 5：2 　…(2)

(1)より

　面積比→△ ABE：△ FCE

　　　　　＝ 3^2：2^2 ＝ 9：4

(2)より

　面積比→△ FCE：△ FDA

　　　　　＝ 5^2：2^2 ＝ 25：4

したがって四角形 AECD の面積は

　25 － 4 ＝ 21

平行四辺形 ABCD の面積は，△ ABE ＋四角形 AECD だから，

　平行四辺形 ABCD：△ FCE

　＝（9 ＋ 21）：4 ＝ 30：4 ＝ 15：2

答　⑤

No.28

△ AFC は平行四辺形 ABCD の面積の $\frac{1}{4}$ であるので

　△ AFC の面積 ＝ $48 \times \frac{1}{4} = 12$〔cm²〕

△ IFC ∽△ IDA であり，FC：DA ＝ 1：2 なので

　CI：IA ＝ 1：2

よって，△ AFI の面積は，△ AFC の面積の $\frac{2}{3}$ となり

　△ AFI の面積 ＝ $12 \times \frac{2}{3} = 8$〔cm²〕

BE ∥ FD より，△ AHG ∽△ AFI

また，AG：AI ＝ 1：2 より

　△ AHG：△ AFI ＝ 1：4

よって，四角形 GHFI の面積は，

△ AFI の $\frac{3}{4}$ となり

　四角形 GHFI の面積 ＝ $8 \times \frac{3}{4} = 6$〔cm²〕

答　②

No.29

△ DEA と△ FEB は相似であり，辺の比は 1：2。

よって，面積比は 1^2：2^2 ＝ 1：4 となる。

これにより，△ DEA の面積は

　$16 \times \frac{1}{4} = 4$〔cm²〕

△ EFB と△ DFC は相似であり，辺の比は 2：3。

よって，面積比は 2^2：3^3 ＝ 4：9 となる。

これより△ DFC の面積は

　$16 \times \frac{9}{4} = 36$〔cm²〕

したがって四角形 EBCD の面積は

　36 － 16 ＝ 20〔cm²〕

平行四辺形 ABCD の面積は

　4 ＋ 20 ＝ 24〔cm²〕

答　②

No.30

△ ABC の面積を S とする

　△ ADF ＝ $\frac{1}{3} \times \frac{4}{5} S$

　△ DBE ＝ $\frac{2}{3} \times \frac{1}{4} S$

　△ EFD ＝ $\frac{1}{5} \times \frac{3}{4} S$

したがって

　△ DEF ＝ $S - \left(\frac{4}{15} + \frac{1}{6} + \frac{3}{20} \right) S$

　　　　＝ $S \left(1 - \frac{16 + 10 + 9}{60} \right)$

　　　　＝ $S \left(1 - \frac{35}{60} \right)$

　　　　＝ $\frac{25}{60} S = 0.417 S$

答　④

No.31

OA，OC，OB を半径とする扇形の面積比は

OA²：OC²：OB² であり，

2^2：$\left(1\frac{1}{2} \right)^2$：$1^2$ である。

つまり $4 : \dfrac{9}{4} : 1$

$= (P + Q + R) : (Q + R) : R$

$P : R = \left(4 - \dfrac{9}{4}\right) : 1$

$\qquad = \left(4 - 2\dfrac{1}{4}\right) : 1$

$\qquad = 1\dfrac{3}{4} : 1$

$\qquad = \dfrac{7}{4} : 1$

$\qquad = 7 : 4$

答 ②

No.32

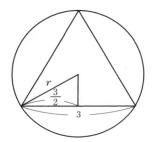

外接円の半径 r は，上の図より，

$$2 : \sqrt{3} = r : \dfrac{3}{2}$$

$$r = \dfrac{3}{\sqrt{3}}$$

よって，外接円の面積 $S_{外接}$ は

$$S_{外接} = \pi \times \left(\dfrac{3}{\sqrt{3}}\right)^2 = 9\pi = 3\pi$$

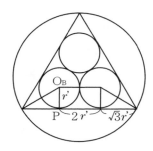

内接する円 B の半径を r' とする。円の中心を O_B，円 B の接点を P とし，三角形の頂点と O_B，P でできる直角三角形は，90°，60°，

30° の直角三角形である。これより，半径 r' を用いて三角形の一辺の長さを表すと，

$$2r' + 2 \times \sqrt{3}\,r' = 3$$

$$r' = \dfrac{3}{2 + 2\sqrt{3}}$$

よって，内接する円 B の面積 $S_{内接}$ は，

$$S_{内接} = \pi \left\{\dfrac{3}{2 + 2\sqrt{3}}\right\}^2$$

$$= \pi \left\{\dfrac{9}{(2 + 2\sqrt{3})(2 + 2\sqrt{3})}\right\}$$

$$= \dfrac{9}{4 + 8\sqrt{3} + 12}\pi = \dfrac{9}{16 + 8\sqrt{3}}\pi$$

これより，$\dfrac{S_{外接}}{S_{内接}}$ の値を求めると，

$$\dfrac{S_{外接}}{S_{内接}} = 3\pi \div \dfrac{9}{16 + 8\sqrt{3}}\pi$$

$$= \dfrac{16 + 8\sqrt{3}}{3}$$

$$= \dfrac{8(2 + \sqrt{3})}{3}〔倍〕$$

答 ②

No.33

図のように点をとって考える。

(1) 外接円の面積

外接円の半径は，辺 OB にあたる。

三角形 OBH は，$\angle\,OBH = 30°$ の直角三角形である。

よって，OB : BH $= 2 : \sqrt{3}$

$$OB : \dfrac{a}{2} = 2 : \sqrt{3}$$

$$OB = \dfrac{a}{2} \times \dfrac{2}{\sqrt{3}}$$

$$= \dfrac{1}{\sqrt{3}}\,a$$

外接円の面積は

$$S_{外接} = \pi \left(\frac{1}{\sqrt{3}} a \right)^2$$

$$= \frac{1}{3} \pi a^2$$

(2) 内接円の面積

内接円の半径は，辺 OH にあたる。

三角形 OBH について，

$$BH : OH = \sqrt{3} : 1$$

$$\frac{a}{2} : OH = \sqrt{3} : 1$$

$$OH = \frac{a}{2} \times \frac{1}{\sqrt{3}}$$

$$= \frac{\sqrt{3}}{6} a$$

内接円の面積は，

$$S_{内接} = \pi \left(\frac{\sqrt{3}}{6} a \right)^2$$

$$= \frac{1}{12} \pi a^2$$

(1), (2)より，面積の差を求めると，

$$\frac{1}{3} \pi a^2 - \frac{1}{12} \pi a^2$$

$$= \frac{3}{12} \pi a^2$$

$$= \frac{1}{4} \pi a^2$$

答 ④

No.34

∠POB の大きさを x とすると

∠DOC = ∠OPC + ∠OCP

$$= x + 2x$$

$$= 3x$$

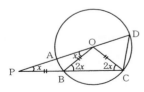

これより，扇形 OCD の中心角は，扇形の OAB の中心角の 3 倍だから，弧 CD は弧 AB の 3 倍である。

よって　$6 \times 3 = 18$〔cm〕

答 ④

No.35

△AHO について，AH : OA : OH = 1 : 2 : $\sqrt{3}$ なので，∠AOH = 30° の直角三角形である。これより，∠AOB = 60° となる。

円弧 AB は，円 O の円周の $\frac{60}{360}$ にあたる。

よって，$\frac{60}{360} \times 2 \times \pi \times OA = \frac{4}{3} \pi$

答 ④

No.36

△ACE が二等辺三角形なので，

∠E = ∠CAE = 30°

よって，∠ACE = 120° である。

△ACE ∽ △ADC より，

∠ADC = 120° となり，

∠CDE = 180° − 120° = 60°

内接四角形 ABCD において，∠B の大きさは∠D の外角と等しいので，

∠B = ∠CDE = 60°

答 ③

No.37

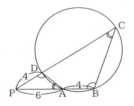

△PBC ∽ △PDA

「円に内接する四辺形のある支点の外角は，その内対角に等しい」

(∠PDA = ∠ABC，∠PAD = ∠BCD だから)

PA : PD = PC : PB

6 : 4 = PC : (6 + 4)

= PC : 10

$$PC = \frac{60}{4} = 15$$

$$PC - \underset{(PD)}{4} = DC = 11$$

答 ②

No.38

直径 AC の円周角は $90°$ になるので，

$\quad \angle CBA = \angle CDA = 90°$

円周角は，同じ弧の中心角の $\dfrac{1}{2}$ になるので，

$\quad \angle BAC = \dfrac{1}{2} \times 60° = 30°$

$\quad \angle ACD = \dfrac{1}{2} \times 90° = 45°$

よって，$\triangle ABC$ は，$\angle B = 90°$，$\angle A = 30°$ の直角三角形，$\triangle ADC$ は $\angle D = 90°$，$\angle C = 45°$ の直角二等辺三角形である。

$\triangle ABC$ について，$BC = a$ より，$AB = \sqrt{3}a$ なので，

$\quad S_{\triangle ABC} = \dfrac{1}{2} \times BC \times AB$

$\qquad\qquad = \dfrac{\sqrt{3}a^2}{2}$

$\triangle ADC$ について，$AC = 2a$ より，

$AD = DC = \sqrt{2}a$

$\quad S_{\triangle ADC} = \dfrac{1}{2} \times AD \times DC$

$\qquad\qquad = a^2$

これらの和が，四角形 ABCD の面積である。

$\quad \dfrac{\sqrt{3}a^2}{2} + a^2 = \left(\dfrac{\sqrt{3}}{2} + 1\right)a^2$

$\qquad\qquad\qquad\qquad$ 答　④

No.39

$AF = x\,(cm)$ とすると

$AE = x\,(cm)$

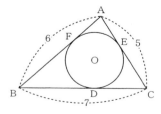

$BF = BD$，$CE = CD$ より

$\quad (6 - x) + (5 - x) = 7$ より $x = 2\,(cm)$

$BD = 4$，$CE = 3$ となる

$\qquad\qquad\qquad\qquad$ 答　②

No.40

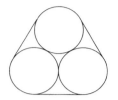

接しているひもの長さは

$\quad 3 \times 2\pi \times \dfrac{120}{360} \times 3 = 6\pi\,(cm)$

接していない直線部分の長さは

$\quad 6 \times 3 = 18\,(cm)$

$\therefore$　1周しているひもの長さは $6\pi + 18\,(cm)$

$\qquad\qquad\qquad\qquad$ 答　②

No.41

n 個並べたときの周りの長さは，

$240°$ の扇形の円周を2個，$60°$ の扇形の円周2個を $(n - 2)$ 個足したものである。

よって，

$L_n = \left(2 \times 2 \times \pi \times \dfrac{240}{360} \times 2\right) + \left\{2 \times 2 \times\right.$

$\qquad \left. \pi \times \dfrac{60}{360} \times 2 \times (n - 2)\right\}$

$\quad = \dfrac{16\pi}{3} + \dfrac{4\pi(n - 2)}{3} = \dfrac{4\pi(2 + n)}{3}$

$\qquad\qquad\qquad\qquad$ 答　①

No.42

図形の規則性に着目する。並んでいる個数をみると

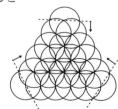

1番目　$1 + 2 = 3$〔個〕

2番目　$1 + 2 + 3 = 6$〔個〕

3番目　$1 + 2 + 3 + 4 = 10$〔個〕

よって5番目に重なっている円の個数は

$1 + 2 + 3 + 4 + 5 + 6 = 21$ 個

ところで，5番目の図形の周りの長さは

図より

半円周×3＋中心角60°の扇形の弧×4×3

と考えられるから，求める長さは

$$10\pi \times \frac{1}{2} \times 3 + 10\pi \times \frac{1}{6} \times 4 \times 3$$
$$= 35\pi \text{〔cm〕}$$

答　③

No.43

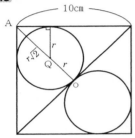

図のように符号をつけると小円の半径を r とすると $AQ = r\sqrt{2}$

したがって $r\sqrt{2} + r = \dfrac{10\sqrt{2}}{2}$ となる。

（90°，45°，45°の直角二等辺三角形の一辺と斜辺の関係）

$$r(\sqrt{2} + 1) = 5\sqrt{2}$$
$$r = \frac{5\sqrt{2}}{\sqrt{2} + 1} = 5\sqrt{2}(\sqrt{2} - 1)$$
$$= 10 - 5\sqrt{2}$$
$$\fallingdotseq 10 - 7.07$$
$$= 2.93$$

したがって直径は 5.86 cm。

答　③

No.44

$$AK = \sqrt{OA^2 + OK^2} = \sqrt{r^2 + \left(\frac{1}{3}r\right)^2} = \frac{\sqrt{10}}{3}r$$

$= OB$

$$AB = \sqrt{AO^2 + OB^2} = \sqrt{r^2 + \left(\frac{\sqrt{10}}{3}r\right)^2}$$
$$= \frac{\sqrt{19}}{3}r$$

答　⑤

No.45

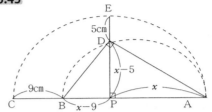

AB は小円の直径であるから，

$\angle ADB = 90°$

∴ $DP^2 = PB \cdot PA$

大円の半径を x cm とすれば，

$PA = x,\ PB = x - BC = x - 9$

$DP = x - DE = x - 5$

これらを上の式に代入して

$$(x - 5)^2 = (x - 9) \cdot x$$
$$x^2 - 10x + 25 = x^2 - 9x$$
$$\therefore\ x = 25$$

答　②

No.46

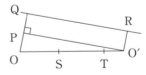

点 O′ から線分 OQ に垂線を引くと，四角形 QOO′R は長方形と直角三角形に分けることができる。

O′ からの垂線と線分 OQ の交点を P とすると，

△OPO′ より，

$$OO'^2 = OP^2 + PO'^2$$
$$(3 + ST + 2)^2 = (3 - 2)^2 + PO'^2$$
$$(5 + ST)^2 = 1 + PO'^2$$

線分 PO′ を用いて□QOO′R の面積を表すと，

$$\square\,\text{QOO'R} = \square\,\text{PQRO'} + \triangle\,\text{OPO'}$$

$$= 2 \times \text{PO'} + \frac{1}{2} \times 1 \times \text{PO'}$$

$$= \frac{5}{2} \times \text{PO'}$$

面積が $10\sqrt{3}$ なので,

$$\frac{5}{2}\,\text{PO'} = 10\sqrt{3}$$

$$\text{PO'} = 4\sqrt{3}\,(\text{cm})$$

これを代入して,

$$(5 + \text{ST})^2 = 1 + (4\sqrt{3})^2$$
$$= 1 + 48$$
$$= 49$$

よって, $5 + \text{ST} = 7$

$$\text{ST} = 2.0\,\text{cm}$$

答 ①

No.47

図において
$\triangle\,\text{EOD}$ は $60°$, $30°$, $90°$ の直角三角形であるから EO の長さは $30\sqrt{3}\,\text{cm}$ である。

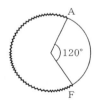

長弧 AF は $\dfrac{2}{3} \times 2\,\pi \times 40 = \dfrac{160}{3}\,\pi\,(\text{cm})$

短弧 BG は $\dfrac{1}{3} \times 2\,\pi \times 10 = \dfrac{20}{3}\,\pi\,(\text{cm})$

したがってベルトの最短の長さは

$$2 \times 30\sqrt{3} + \frac{160}{3}\,\pi + \frac{20}{3}\,\pi$$

$$= 60\sqrt{3} + \frac{160}{3}\,\pi + \frac{20}{3}\,\pi$$

$$= 60\sqrt{3} + \frac{180}{3}\,\pi$$

$$= 60\sqrt{3} + 60\,\pi$$

$$= 60\,(\sqrt{3} + \pi\,)\,(\text{cm})$$

答 ③

No.48

A の体積 $= 942\,\text{cm}^3$
B の体積 $= 314\,\text{cm}^3$
C の体積 $= 39.25\,\text{cm}^3$

$$942 - (314 + 39.25) = 588.75 \fallingdotseq 589$$

答 ①

No.49

$\triangle$図 EFG の面積は

$$\frac{10 \times 10}{2} = 50\,(\text{cm}^2)$$

立体の体積は

$$\frac{50 \times 10}{3} = \frac{500}{3}$$

$$= 166.6\cdots\cdots$$

答 ④

No.50

底面の面積 $= \pi\,r^2$ より,

$$\pi \times 3 \times 3 = 9\,\pi\,(\text{cm}^2)$$

円すいの側面積 $=$ 母線 $\times$ 底面の半径 $\times \pi$
母線の長さ $= \sqrt{(\text{底面の半径})^2 + (\text{高さ})^2}$
$\qquad\qquad = \sqrt{(3)^2 + (4)^2} = 5\,(\text{cm})$

よって, 側面積 $= 5 \times 3 \times \pi = 15\,\pi$
これより, 表面積 $= 9\,\pi + 15\,\pi$
$$= 24 \times 3.14$$
$$= 75.36\,(\text{cm}^2)$$

答 ④

No.51

円すい A の底面の半径を A, 円すい B の底面の半径を B とする。
高さの比が $4 : 9$ であるので,
$\quad A : B = 4h : 9h$ とすると,

円すい A の体積 $= \dfrac{1}{3} \pi A^2 \times 4h$

円すい B の体積 $= \dfrac{1}{3} \pi B^2 \times 9h$

これが等しいので,

$$\dfrac{1}{3} \pi A^2 \times 4h = \dfrac{1}{3} \pi B^2 \times 9h$$

$$A^2 \times 4h = B^2 \times 9h$$

$$4A^2 = 9B^2$$

A, B は正の値なので,

$$2A = 3B$$

これより, $A : B = 3 : 2$

答 ①

No.52

もとの直方体の3つの面の面積を,図のように A, B, C とおくと
条件より

$$\begin{cases} 4A + 4B + 2C = 107 \\ 4A + 2B + 4C = 121 \\ 2A + 4B + 4C = 127 \end{cases}$$

が成り立つ。

3つの式を辺々加えると

$$10(A + B + C) = 355$$

求めるものは, $2(A + B + C)$ であるから,

$$\therefore \quad 355 \div 5 = 71 〔cm^2〕$$

答 ②

No.53

一辺の長さを a とすると,2cm 縮めると体積が $386\,cm^3$ 減少するのだから

$$(a - 2)^3 = a^3 - 386$$

これを展開して

$$a^3 - 6a^2 + 12a - 8 = a^3 - 386$$

$$-6a^2 + 12a + 378 = 0$$

$$6a^2 - 12a - 378 = 0$$

$$a^2 - 2a - 63 = 0$$

$$(a - 9)(a + 7) = 0$$

$$\therefore \quad a = 9, \ -7$$

ここで, $a = -7$ は不適(辺の長さにマイナスはない)なので,辺の長さは 9cm。この各辺を 2cm 伸ばした体積は

$$11^3 = 1331$$

元々の体積は $9^3 = 729$ なので

$$1331 - 729 = 602 〔cm^3〕$$

答 ④

No.54

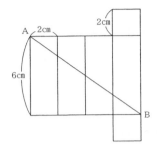

立方体を展開すると,図のようになる。
A → B の最短距離は,この展開図の A, B を結ぶ直線になる。
AB は三平方の定理で

$$AB = \sqrt{8^2 + 6^2}$$
$$= \sqrt{100}$$
$$= 10 〔cm〕$$

答 ③

No.55

底面の半径が 10cm,高さが 15cm の円柱の体積から,底面の半径が 10cm,高さが 6cm の円すいの体積を引けばよい。

$$10 \times 10 \times \pi \times 15 - \dfrac{1}{3} \times 10 \times 10 \times \pi \times 6$$
$$= 1300 \pi 〔cm^3〕$$

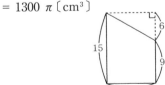

答 ④

No.56

最も大きくなるのは,球の直径が 4cm のとき。

半径 2cm であるから，

球の体積 $= \dfrac{4}{3} \times \pi \times 2 \times 2 \times 2 = \dfrac{32}{3} \pi \,〔cm^3〕$

答　③

No.57

ちょうど円柱（グラス）の体積の半分になる。

体積 $= \dfrac{1}{2} \times \pi \times 3 \times 3 \times 10$

$\qquad = 45 \, \pi \,〔cm^3〕$

答　⑤

No.58

底面の半径が 6cm だから高さを h とすると

直円すいの体積は $6^2 \pi \times h \times \dfrac{1}{3} = 12h\pi$

これが $96\pi \, cm^3$ だから

$\qquad h = \dfrac{96 \, \pi}{12 \, \pi} = 8 \,〔cm〕$

直円すいの母線の長さは  である。

（3・4・5 三角形を覚えておく）

下の図のようになるので直円すいの側面積

（扇形になる）は

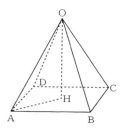

$\dfrac{12 \, \pi}{20 \, \pi} \times 100 \times \pi$

$\qquad = 60 \, \pi \,〔cm^2〕$

答　④

No.59

O より底面に垂線を下ろし交点を H とする

と　$AH = 6\sqrt{2} \,〔cm〕$

$\qquad OH = \sqrt{18^2 - (6\sqrt{2})^2} = 6\sqrt{7} \,〔cm〕$

体積 $v = \dfrac{1}{3} \times 12^2 \times 6\sqrt{7} = 288\sqrt{7} \,〔cm^3〕$

答　①

No.60

三角すい BCDG の体積を求めればよい。

立方体 ABCD － EFGH の体積は

$\qquad 4^3 = 64 \,〔cm^3〕$

三角すい BCDG に関して，底面が

△BCD で $\dfrac{1}{2} \times 4^2 = 8 \,〔cm^2〕$

高さ 4cm で，体積は $\dfrac{1}{3} \times 8 \times 4 = \dfrac{32}{3} \,〔cm^3〕$

残った部分は $64 - \dfrac{32}{3} = \dfrac{160}{3} \,〔cm^3〕$

したがって体積比は

$\dfrac{32}{3} : \dfrac{160}{3} = 1 : 5$

答　②

No.61

三角すいの体積は，$\dfrac{1}{2} \times 2 \times 6 \times x \times \dfrac{1}{3} = 2x$

よって，

$\qquad 2x : 1000 - 2x = 2 : 123$

$\qquad\qquad 1000 - 2x = 123x$

すなわち，$x = \dfrac{1000}{125} = 8$

答　⑤

No.62

相似を利用する。物体を取り出したときの高さを $x \, cm$ とすると，そのときの水面の円の半径も $x \, cm$ である。

よって，あふれ出た水の体積を x で表すと，

$\dfrac{1000 \, \pi}{3} - \dfrac{\pi \, x^3}{3}$ となる。

あふれ出た水の体積は $219 \, \pi$ なので，

$\qquad \dfrac{1000 \, \pi}{3} - \dfrac{\pi \, x^3}{3} = 219 \, \pi$

$\qquad\qquad x^3 = 343 = (7)^3$

すなわち，$x = 7 \,〔cm〕$ となる。

答えは下がった水面なので，3cm である。

答　①

No.63

直方体 A の高さを h，直方体 B の底面の一辺の長さを x とする。

2つは相似なので，すべての辺において直方体 A：直方体 B ＝ 2：x が成り立つ。

これより，直方体 B の高さは，$\dfrac{x}{2} \times h$ とおける。

それぞれの体積を式で表すと，

直方体 A：$V_A = h \times 2 \times 2 = 4h$

$$4h = 16 \text{〔cm}^3\text{〕}$$

よって，$h = 4$（cm）である。

直方体 B：$V_B = \dfrac{x}{2} \times h \times x \times x$

$$\dfrac{x^3}{2} h = 54 \text{〔cm}^3\text{〕}$$

これに，$h = 4$ を代入。

$$\dfrac{x^3}{2} \times 4 = 54$$

$$x^3 = 27$$

$$x = 3 \text{〔cm〕}$$

答　①

No.64

三角すいの体積比は，3辺の積の比に等しい。

$$V_{(A-BCD)} : V_{(P-BRQ)}$$
$$= (4 \times 3 \times 2) : (3 \times 2 \times 1)$$
$$= 4 : 1$$

答　③

No.65

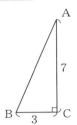

三角形 ABC は左の図。辺 AC を軸にした場合，底面は辺 BC を半径とする円となる。

よって，

体積 $V_{AC} = \dfrac{1}{3} \times 3 \times 3 \times \pi \times 7 = 21\pi$

辺 BC を軸にした場合，底面は辺 AC を半径とする円となる。

よって，体積 $V_{BC} = \dfrac{1}{3} \times 7 \times 7 \times \pi \times 3$

$$= 49\pi$$

これより，体積比は，

$$V_{AC} : V_{BC} = 21\pi : 49\pi$$
$$= 3 : 7$$

答　②

No.66

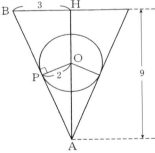

グラスを横から見たもので，図のように点に記号をおく。

三角形 OAP と，三角形 BAH は相似の関係にある。よって，OP：PA ＝ BH：HA となる。

OP ＝ 2 なので，PA ＝ 2 × 3 ＝ 6 となる。

三平方の定理より，

$$OA^2 = OP^2 + PA^2$$
$$OA^2 = (2)^2 + (6)^2$$
$$= 40$$
$$OA = 2\sqrt{10}$$

答　④

No.67

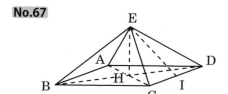

底面の正方形 ABCD，四角すいの頂点を E，頂点から底面に下ろした垂線を EH とする。

四角すいの表面積は，底面積＋ 4 ×（側面の三角形）で求められるので，側面の三角形の面積を求める。

垂線 EH は，四角すいの体積を求める際の高さになる。

これより，

$$四角すいの体積 = \frac{1}{3} \times （底面積）\times EH$$

$$36 〔cm^3〕= \frac{1}{3} \times 6 \times 6 \times EH$$

EH ＝ 3〔cm〕とわかる。

次に，四角すいの母線（EA ＝ EB ＝ EC ＝ ED）の長さを求める。

底面は正方形なので，対角線の長さは

$$6 \times \sqrt{2} = 6\sqrt{2} 〔cm〕$$

三角形 EHC において，

$$HC = \frac{1}{2} AC = \frac{1}{2} \times 6\sqrt{2} = 3\sqrt{2} 〔cm〕$$

EH ＝ 3cm なので，三平方の定理より，

$$EC^2 = EH^2 + HC^2$$
$$EC^2 = (3)^2 + (3\sqrt{2})^2$$
$$EC = \sqrt{(9+18)}$$
$$= 3\sqrt{3} 〔cm〕$$

側面の三角形について考える。

側面の三角形 ECD は，EC ＝ ED の二等辺三角形である。点 E から辺 CD に下ろした垂線を EI とする。

三平方の定理より，

$$EC^2 = EI^2 + CI^2$$
$$(3\sqrt{3})^2 = EI^2 + \left(\frac{1}{2} CD\right)^2$$
$$(3\sqrt{3})^2 = EI^2 + (3)^2$$
$$EI^2 = 27 - 9$$
$$EI = \sqrt{18}$$
$$EI = 3\sqrt{2} 〔cm〕$$

以上より，四角すいの表面積を求める。

四角すいの表面積

$$= （底面積）+ 4 \times （側面の三角形）$$
$$= 6 \times 6 + 4 \times \left(\frac{1}{2} \times CD \times EI\right)$$
$$= 36 + 4 \times \left(\frac{1}{2} \times 6 \times 3\sqrt{2}\right)$$
$$= 36 + 4 \times 9\sqrt{2}$$
$$= 36 + 36\sqrt{2} = 36(1 + \sqrt{2}) 〔cm^2〕$$

答 ⑤

No.68

点 G から辺 IJ に下ろした垂線と辺 IJ の交点を K とする。

三角形 IJG は IG ＝ JG の二等辺三角形になる。

$$S_{\triangle IJG} = \frac{1}{2} \times IJ \times KG$$

で求められるので，IJ と KG を求める。

点 I は辺 BC の中点なので，

$$IC = \frac{a}{2}$$

三角形 IJC は，IC ＝ JC，∠C ＝ 90° の三角形なので，

$$IJ = \frac{\sqrt{2}a}{2}$$

三角形 ICG は∠C ＝ 90° の直角三角形である。三平方の定理より，

$$IG^2 = IC^2 + CG^2$$
$$IG^2 = \left(\frac{a}{2}\right)^2 + a^2$$
$$= \frac{5a^2}{4}$$
$$IG = \frac{\sqrt{5}a}{2}$$

次に，三角形 IKG について，∠K ＝ 90° の直角三角形であるから，三平方の定理より，

$$IG^2 = IK^2 + KG^2$$
$$= \left(\frac{IJ}{2}\right)^2 + KG^2$$
$$\left(\frac{\sqrt{5}a}{2}\right)^2 = \left(\frac{\sqrt{2}a}{4}\right)^2 + KG^2$$
$$\frac{5a^2}{4} = \frac{2a^2}{16} + KG^2$$

$$KG^2 = \frac{9a^2}{8}$$

$$KG = \frac{3a}{2\sqrt{2}} = \frac{3\sqrt{2}a}{4}$$

これより，

$$S_{\triangle IJG} = \frac{1}{2} \times IJ \times KG$$

$$= \frac{1}{2} \times \frac{\sqrt{2}a}{2} \times \frac{3\sqrt{2}a}{4}$$

$$= \frac{3a^2}{8}$$

答　⑤

第3章　場合の数

（問題，本文 141 ページ）

No.1

1を1ケタ目にして4通り　⎫
2を1ケタ目にして4通り　⎪
⋮　　　　　　　　　⋮　 ⎬
5を1ケタ目にして4通り　⎭
　　$4 \times 5 = 20$　　合計 20 通り

答　③

No.2

1から10までの和は55である。使わない2つの数字の和が10になるには $1 - 9$, $2 - 8$, $3 - 7$, $4 - 6$ の4通りしかない。

したがって答は④である。

この問題は8つの数を使って45になることを考えるより，残りの2つの数の和について考えるのが要領である。

答　④

No.3

箱を①〜④，玉を①〜④で表すと

9通り

答　④

No.4

組合せを表で考える。

	5kg				
	1個	2	3	4	5
6kg 1個	11	16	21	26	31
2	17	22	27	32	37
3	23	28	33	38	
4	29	34	39		
5	35	40			

表より，15kg 以上 30kg 以下になるのは 9通り。

答 ④

No.5

```
5－4－3－2      5－3－2－1      4－3－2－1
        －1              －0              －0
        －0          －1－0          －1－0
    －2－1          －2－1－0          －2－1－0
        －0                      3－2－1－0
    －1－0
```

よって，全部で 15 通り。

答 ①

No.6

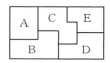

上のように各領域に番号をつける。
Aの色を決めると，Bは残りの3色で3通り。
Bが決まると，Cは残りの2色で2通りある。
DはB，Cで用いた色以外の2色，同様にEはC，Dで用いた色以外の2色。
よって，$4 \times 3 \times 2 \times 2 \times 2 = 96$〔通り〕

答 ③

No.7

3組の座り方は $3 \times 2 = 6$〔通り〕
1つの例について考える。左から順に，夫婦

A，B，Cの順に座るとする。このとき，1組の夫婦について2通りの座り方がある。

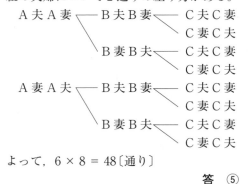

よって，$6 \times 8 = 48$〔通り〕

答 ⑤

No.8

万の位に1，残りの4ケタの並べ方
　$_4P_4 = 4! = 24$
万と千の位20，21，残り3ケタの並べ方
　$_3P_3 = 3! = 6$
　$6 \times 2 = 12$
万と千と百の位230，残り2ケタの並べ方
　$_2P_2 = 2! = 2$
　$24 + 12 + 2 = 38$
38番目　23,041
39番目　23,104
40番目　23,140

答 ④

No.9

a	b	c	d	e

a の塗り方は 5 通り
次に b は 4 通り
c は 3 通り
d は 2 通り
e は 1 通り
　$5 \times 4 \times 3 \times 2 \times 1 = 120$〔通り〕

答 ④

No.10

まず A，B を1組として，5つの配列の仕方は 5! ある。
　$5! = 5 \times 4 \times 3 \times 2! = 120$〔通り〕
次に A，B の隣り同士は AB と BA と 2 通り

あるから 240 通りあることになる。

$$120 \times 2 = 240$$

答 ①

No.11

すべての場合の数から，N が隣り合う場合の数を引いて

$$\frac{6!}{2!} - 5! = 360 - 120$$

$$= 240 〔通り〕$$

答 ①

No.12

7 人を A 〜 G とし，A と B，C と D を夫婦とする。

A，B，C，D，E，F，G
<u>夫 妻</u> <u>夫 妻</u>

A B を X

C D を Y とすると

X，Y，E，F，G の 5 つの順列を考えればよいので

5！で求められる。

$$5! = 5 \times 4 \times 3 \times 2 \times 1 = 120 〔通り〕$$

答 ②

No.13

母と一番下の娘は，必ず隣同士にならなくてはならない。

2 人並んで座れる場所は 3 カ所ある。その各々において，母と一番下の娘の座り方が 2 通り。さらに，その各々に対して，残りの 3 人の座り方が 3！通り。

したがって，

$$3 \times 2 \times 3! = 36 〔通り〕$$

答 ⑤

No.14

(1) 1 の位が 0 のとき。

百の位が 5 通りとすれば，十の位は 4 通り。

よって，$5 \times 4 = 20$〔通り〕

(2) 1 の位が 5 のとき。

百の位は 0 を除いた 4 通り。十の位は残りのカードの 4 通り。

よって，$4 \times 4 = 16$〔通り〕

これより，$20 + 16 = 36$〔通り〕

答 ③

No.15

円順列である。

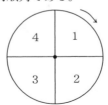

・4 色で塗り分けるが仮に 1，2，3，4 と番号を打つと，1 に何色でも指定した色を来させることが出来るので，1 通りに固定したと同じことになる。2 には 3 通りの塗り分けが出来，3 には 2 通りの塗り分けが出来る。4 は 1 通りしかない。

したがって 答は $3 \times 2 = 6$〔通り〕

答 ①

No.16

円卓に座るので，円順列。

全事象：$(7-1)! = 6!$

両親が隣り合わせになるとき，子どもの座り方は 5！通り。

両親の座り方が 2 通りあるので，5！× 2 通り。

よって，求めるものは

$$(7-1)! - 5! \times 2$$

$$= 6! - 5! \times 2$$

$$= (6-2) \times 5!$$

$$= 4 \times 5 \times 4 \times 3 \times 2 \times 1$$

$$= 480 〔通り〕$$

答 ②

No.17

八角形の 8 つの頂点から 4 つを選ぶときの組合せを考える。

$${}_8C_4 = \frac{8 \times 7 \times 6 \times 5}{4 \times 3 \times 2 \times 1}$$

$$= 70 〔通り〕$$

答 ④

No.18

A | B | C
○○○○ | ○○○ | ○○○

上図のように10個の間に2個の棒を入れる
方法を考えればよいので

$$_9C_2 = \frac{9 \times 8}{2 \times 1} = 36 \text{〔通り〕}$$

答 ③

No.19

りんごの配り方を考える。

(1) 必ずりんごを1つはもらう場合

$$_3C_2 = \frac{3 \times 2}{2 \times 1} = 3 \text{〔通り〕}$$

(2) りんごをもらわない人が1人の場合

$$_3C_1 \times 3 = 9 \text{〔通り〕}$$

(3) りんごをもらわない人が2人の場合

3通り

よって全部で15通り。

答 ②

No.20

男子20人から2人を選び出す組合せ

$$_{20}C_2 = \frac{20 \times (20-1)}{2!} = \frac{20 \times 19}{2 \times 1} = 190 \text{〔通り〕}$$

女子16人から2人を選び出す組合せ

$$_{16}C_2 = \frac{16 \times (16-1)}{2!} = \frac{16 \times 15}{2 \times 1} = 120 \text{〔通り〕}$$

よって 190 × 120 = 22800〔通り〕

答 ③

No.21

Bを必ず含むとき, 残りの4人から2人を選
ぶので,

$$_4C_2 = \frac{4 \times 3}{2 \times 1} = 6 \text{〔通り〕}$$

Bを含まずAを必ず含む場合, A以外の2
人をC, D, Eの3人から選ぶので,

$$_3C_2 = \frac{3 \times 2}{2 \times 1} = 3 \text{〔通り〕}$$

あわせて, 6 + 3 = 9〔通り〕

答 ①

No.22

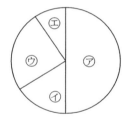

各場所を㋐～㋓とする

① 2色を使うとき

3色から使う2色を選ぶ→ $_3C_2$

㋐と㋒, ㋑と㋓は同じ色であり, その入れ替
えがあるので

$$_3C_2 \times 2 = 6 \text{〔通り〕}$$

② 3色を使うとき

㋐に3通り

㋑, ㋓に各2通り

㋒に1通り

よって, 3 × 2 × 2 × 1 = 12〔通り〕

①, ②より 6 + 12 = 18〔通り〕

答 ④

No.23

① 5色全部使う時

5 × 3 × 2 = 30〔通り〕

② 4色を使う時

4色の選び方は $_5C_4 = 5$〔通り〕

下面は4通りとし, 側面の1対面同じ色の選
び方は3通り, 後の2色は回転すれば同じだ
から選択出来ない

4 × 3 = 12〔通り〕

計 12 × 5 = 60〔通り〕

— 80 —

③ 3色を使う時

3通り

3色の選び方は

$$_5C_3 = \frac{5 \times 4}{2} = 10〔通り〕$$

対面同志同じ色で選択なし（各々1通り）

　10 × 3 = 30〔通り〕

総合計　30 + 60 + 30 = 120〔通り〕

答　⑤

$$_{14}C_3 - {_{10}}C_3 = \frac{14 \cdot 13 \cdot 12}{3 \cdot 2 \cdot 1} - \frac{10 \cdot 9 \cdot 8}{3 \cdot 2 \cdot 1}$$
$$= 364 - 120 = 244〔組〕$$

答　④

No.27

9の場合				11の場合			
A	B	C		A	B	C	
1	2	6 → 6通り		1	5	5 → 3通り	
2	2	5 → 3通り		1	4	6 → 6通り	
3	3	3 → 1通り		2	3	6 → 6通り	
1	4	4 → 3通り		2	4	5 → 6通り	
1	3	5 → 6通り		3	4	4 → 3通り	
2	3	4 → 6通り		3	3	5 → 3通り	

　　　計 25通り　　　　　　　　計 27通り

（全部で 6 × 6 × 6 = 216 通りなので）

確率は $\dfrac{25}{216}$　　　　確率は $\dfrac{27}{216} = \dfrac{1}{8}$

答　⑤

No.24

ア．100円：0　1　2　3　4　5 ⎫
　　　50円：10　8　6　4　2　0 ⎭ の6組

イ．$_3C_1 \times {_2}C_1 = 6$〔通り〕

ウ．$4 \times 3 \div 2 = 6$〔回〕

よって，ア，イ，ウすべての数字が6

答　①

No.28

ジャンケンをするときの出し方は9通りある。そのうちあいこは3通りである。

つまり，1回のジャンケンであいこになる確率は，$\dfrac{1}{3}$である。

よって，2回続けてあいこになるのは，$\dfrac{1}{3}$の2乗で$\dfrac{1}{9}$である。

答　④

No.25

Aの部屋に入る子供の選び方が，

　$_{12}C_4 = 495$ 通り

Bの部屋に入る子供の選び方が，

　$_8C_4 = 70$ 通り

Cに入るのは残りなので，1通り

よって，

　495 × 70 × 1 = 34650〔通り〕

答　②

No.29

3個とも黒球である確率は

$$\frac{_5C_3}{_9C_3} = \frac{5}{42}$$

「少なくとも1個が白球である」は「3個とも黒球である」の余事象であるから，

$$1 - \frac{5}{42} = \frac{37}{42}$$

答　②

No.26

「3の倍数を少なくとも1枚含む」とは（全体の組合せ数）−（3の倍数を1枚も含まない組合せ数）で表すことができる。

14枚のカードから3枚のカードを取る組合せ数は $_{14}C_3$

3の倍数のカードは3，6，9，12の4枚なので，これを1枚も含まないカードの取り方は，14 − 4 = 10〔枚〕のカードから3枚を取る組合せ数なので $_{10}C_3$

No.30

スペードの3枚を a, b, c, ハートの2枚を d, e とする。

a, b, c, d, e の組合せの総数は

$5! = 5 \times 4 \times 3 \times 2 \times 1 = 120$〔通り〕

連続して同じマークが出ない出方はスペード, ハート, スペード, ハート, スペードしかない。

3カ所のスペードに a, b, c が, 2カ所のハートに d, e が入る

組合せの総数は

$3! \times 2! = 12$〔通り〕

$\therefore \quad \dfrac{120 - 12}{120} = \dfrac{108}{120} = \dfrac{9}{10}$

答 ④

No.31

全事象 $= 5!$

左から順に並べるので,

万の位:3以外の4通り

千の位:残りの4枚のうち, 3以外の3通り

百の位:3の1通り

十の位:残りの2枚で2通り

よって, $4 \times 3 \times 2$ 通り

確率は,

$$\dfrac{4 \times 3 \times 2}{5 \times 4 \times 3 \times 2 \times 1} = \dfrac{1}{5}$$

答 ②

No.32

2つの数の和が偶数になるのは, 偶数＋偶数, または奇数＋奇数の組合せである。また, 2つの数の積が偶数になるのは, 偶数×偶数, または偶数×奇数の組合せである。

これより, 和も積も偶数になるのは, 偶数と偶数の組合せである。

全事象は, $_7C_2 = \dfrac{7 \times 6}{2 \times 1} = 21$〔通り〕

1から7のうち, 偶数は2, 4, 6の3つ。

3つから2つを選ぶので,

$_3C_2 = \dfrac{3 \times 2}{2 \times 1} = 3$〔通り〕

よって, 求める確率は $\dfrac{3}{21} = \dfrac{1}{7}$

答 ②

No.33

赤－赤$\cdots \dfrac{6}{13} \times \dfrac{5}{12}$

青－青$\cdots \dfrac{4}{13} \times \dfrac{3}{12}$

黄－黄$\cdots \dfrac{3}{13} \times \dfrac{2}{12}$

これらの和が求めるものとなる。

よって, $\dfrac{4}{13}$

答 ①

No.34

3回の操作はすべて独立しているので,

赤×白×青

$= \dfrac{20}{100} \times \dfrac{60}{100} \times \dfrac{20}{100} = \dfrac{24}{1000}$

$= \dfrac{2.4}{100}$

これより, 赤・白・青の順に出る確率は2.4%である。

答 ③

No.35

1回目に白$\cdots \quad \dfrac{1}{2}$

2回目に赤$\cdots \quad \left(1 - \dfrac{3}{4}\right)$

3回目に白$\cdots \quad \left(1 - \dfrac{3}{5}\right)$

4回目に白$\cdots \quad \dfrac{3}{4}$

よって,

$$\frac{1}{2} \times \left(1 - \frac{3}{4}\right) \times \left(1 - \frac{3}{5}\right) \times \frac{3}{4} = \frac{3}{80}$$

答 ②

No.36

赤い玉を少なくとも1回というときは，赤い玉が全くないという事象を全体から引いたものを考える。

赤い玉が全くないというのは，3回とも青か白の玉を引いたときなので，

$$\left(\frac{4}{6}\right)^3 = \frac{8}{27}$$

よって，赤い玉を少なくとも1回引く確率は，

$$1 - \frac{8}{27} = \frac{19}{27}$$

答 ③

No.37

線分 OM の長さ $= \sqrt{x^2 + y^2}$

これより，$\sqrt{x^2 + y^2} > 5$

両辺を2乗して，$x^2 + y^2 > 5^2$

$$y^2 > 25 - x^2$$

これを満たす，x, y の組合せを数える。

$x = 1$ のとき，$y = 5$, 6 の2通り

$2 \qquad\qquad\quad$ 5, 6 の2通り

$3 \qquad\qquad\quad$ 5, 6 の2通り

$4 \qquad\qquad\quad$ 4, 5, 6 の3通り

$5 \qquad\qquad\quad$ 1〜6 の6通り

$6 \qquad\qquad\quad$ 1〜6 の6通り

全部で21通り。

よって，$\dfrac{21}{6 \times 6} = \dfrac{7}{12}$

答 ④

No.38

起こりうる場合の総数は

$\quad 6 \times 6 \times 6 = 216$〔通り〕

最小値が3以上の場合の総数は3, 4, 5, 6の4つから重複を許して3つを取り出す順列に等しいので

$\quad 4 \times 4 \times 4 = 64 \quad \cdots(1)$

最小値が4以上の場合の総数は4, 5, 6の3つから重複を許して3つを取り出す順列に等

しいので

$\quad 3 \times 3 \times 3 = 27 \quad \cdots(2)$

(1)が起こる確率から(2)が起こる確率を引けば最小値が3である確率が出るので

$$\frac{64}{216} - \frac{27}{216} = \frac{37}{216}$$

答 ⑤

No.39

5個を取り出して不良品が1個以下とは

(ア) 不良品1個と良品4個

(イ) すべて良品の場合だから

(ア) のとき $\dfrac{_3C_1 \times {}_{27}C_4}{_{30}C_5}$

(イ) のとき $\dfrac{_{27}C_5}{_{30}C_5}$

したがって

$$\frac{_3C_1 \times {}_{27}C_4 + {}_{27}C_5}{_{30}C_5} = \frac{190}{203}$$

答 ②

No.40

くじを戻さないとき，

$$\frac{9}{10} \times \frac{8}{9} \times \frac{1}{8} = \frac{1}{10}$$

くじを戻すとき，

$$\frac{9}{10} \times \frac{9}{10} \times \frac{1}{10} = \frac{81}{1000}$$

よって，差は

$$\frac{1}{10} - \frac{81}{1000} = \frac{19}{1000}$$

答 ④

No.41

1回目と2回目に，白玉か黄玉が出ればよい。

1回目に白または黄が出る確率は，$\dfrac{7}{10}$

2回目に白または黄が出る確率は $\dfrac{6}{9}$

3回目に青玉が出る確率は$\dfrac{3}{8}$となるので,

$$\dfrac{7}{10}\times\dfrac{6}{9}\times\dfrac{3}{8}=\dfrac{7}{40}$$

答　②

No.42

3の倍数の目の出る確率は$\dfrac{1}{3}$，それ以外の

目の出る確率は$\dfrac{2}{3}$

Pに達する確率は，右右上上だから

$$\dfrac{1}{3}\times\dfrac{1}{3}\times\dfrac{2}{3}\times\dfrac{2}{3}=\dfrac{4}{81}$$

また，OからPに行く方法は

$$\dfrac{4!}{2!\,2!}=6〔通り〕$$

したがって，$\dfrac{4}{81}\times 6=\dfrac{24}{81}$

同様に，Qに達する確率は右右右上で

$$\dfrac{1}{3}\times\dfrac{1}{3}\times\dfrac{1}{3}\times\dfrac{2}{3}=\dfrac{2}{81}$$

OからQに行く方法は

$$\dfrac{4!}{3!\,1!}=4〔通り〕$$

したがって　$\dfrac{2}{81}\times 4=\dfrac{8}{81}$

∴　$\dfrac{24}{81}-\dfrac{8}{81}=\dfrac{16}{81}$

答　②

No.43

$$\overset{奇}{\dfrac{\cancel{4}}{7}}\times\overset{偶}{\dfrac{\cancel{3}}{\cancel{6}}}\times\overset{奇}{\dfrac{\cancel{3}}{5}}\times\overset{偶}{\dfrac{\cancel{2}}{\cancel{4}}}\times\overset{奇}{\dfrac{\cancel{2}}{\cancel{3}}}\times\overset{偶}{\dfrac{1}{\cancel{2}}}\times\overset{奇}{1}$$

$$=\dfrac{1}{35}$$

答　⑤